法门寺地宫

韩金科 著

浙江文艺出版社
Zhejiang Literature & Art Publishing House

图书在版编目(CIP)数据

法门寺地宫 / 韩金科著. —杭州:浙江文艺出版社,
2023.5
ISBN 978-7-5339-7183-0

Ⅰ.①法… Ⅱ.①韩… Ⅲ.①法门寺－考古发现－
通俗读物 Ⅳ.①K878.6-49

中国国家版本馆CIP数据核字(2023)第039983号

统　　筹	王晓乐	装帧设计	胡　川
特约编辑	俞玲芝	责任校对	许红梅
责任编辑	邓东山	责任印制	张丽敏
美术编辑	沈路纲	数字编辑	姜梦冉　诸婧琦
营销编辑	张恩惠		

法门寺地宫

韩金科 著

出　　版	浙江文艺出版社
地　　址	杭州市体育场路347号
邮　　编	310006
电　　话	0571-85176953(总编办)
	0571-85152727(市场部)
制　　版	浙江新华图文制作有限公司
印　　刷	浙江新华数码印务有限公司
开　　本	880毫米×1230毫米　1/32
字　　数	243千字
印　　张	11.375
插　　页	4
版　　次	2023年5月第1版
印　　次	2023年5月第1次印刷
书　　号	ISBN 978-7-5339-7183-0
定　　价	88.00元

千年之轨仪神秘的面纱；"法门寺唐代茶文化陈列"再现当年宫廷清明茶宴，拓宽了茶具文物及茶文化的内涵；"越窑·秘色瓷"国际学术研讨会，吸引海内外专家学者和收藏家近200人，与会者目睹并摩挲传说中的秘色瓷，百感交集，论文数量再现新高。与此同时，法门寺文学艺术的研究也全面推进，除了对织锦回文《璇玑图》等专题作研究外，还拍摄了一系列以法门寺为题材的电影和纪录片。

法门寺博物馆自1988年11月9日开馆以来，正如当年季羡林先生预言的那样，"此时冷落僻远的法门寺前，将是车水马龙，摩肩接踵，与秦俑馆媲美了"。在中央有关部门和各级领导的支持下，法门寺和法门寺博物馆逐步建设成为海内外朝圣中心、旅游观览中心和学术文化研究交流中心，圣地（佛）区、文化（法）区、历史（僧）区建设有序展开。2009年5月9日，天空飘降着甘露花雨，佛祖真身指骨舍利被安奉在佛区中央新建成的高148米、象征着佛祖双手合十的舍利塔中，佛塔两侧镌刻着吉祥的禅联："圣入莲宫浮图拔地迎甘露，天飞花雨舍利腾辉耀法门"。海内外僧众及嘉宾、学者等3万余人冒着喜雨恭迎佛骨，见证这一庄严的时刻。

荼罗地宫、毗卢阁、玉佛殿、法堂、祖师殿等，扩大寺域10倍多，同时建成了规模宏大、规格甚高的佛学院。在赵朴老的推动下，为庆祝中泰建交20周年和泰国国王登基50周年，应泰国政府邀请，世界仅存的佛祖释迦牟尼真身指骨舍利于1994年11月29日赴泰供奉85天，澄观、净一法师亲自护送并在泰国弘法。紧接着，台湾佛光山开山宗长星云大师遍访大陆各地，不遗余力推动开启破冰之旅，主张"两岸未通佛先通"。经过8年努力和两岸精心筹备，佛指舍利于2002年2月23日起驾往台湾，巡回供奉瞻礼37天，共举办法会108场，膜拜者400多万人，信众逾50万人。紧接着，佛指舍利又先后在中国香港和韩国供奉，盛况空前。与此同时，法门寺博物馆先后在我国台湾、香港地区和日本、韩国、瑞士、德国、英国、美国、泰国等国举办文物展览，每到一地都具足千年古刹的庄严和华贵。

法门寺博物馆努力建立法门寺文化体系，"再使文物生辉"（任继愈语）！组织海内外高僧大德、专家成立了法门寺文化研究会，从佛教、历史、考古、文学艺术四大领域开展研究。先后举办了16次学术研讨会，其中大型国际会议7次；编著《法门寺文化丛书》39卷；研讨法门寺地宫唐密曼荼罗，撩开失传佛教圣地法门寺，曾在史书上被誉为"穷天之上庄严""极人间之焕丽"，然而，真正达到这一圣地灵境的应属当今的华夏盛世！

去年是法门寺明代真身宝塔坍塌、圣地重辉40年纪念；今年是法门寺佛指舍利入台供奉瞻礼——佛手连四海，雷音震五洲20年纪念，浙江文艺出版社组织修订本著，恰逢其时。本人学养浅薄，错讹之处敬请读者大德教正，不胜感激！

韩金科

2022年2月

目录

在中国史籍和佛典上均记载着这样的重大事件：公元前3世纪中叶，在佛祖释迦牟尼圆寂百年之后，阿育王统一了印度并皈依佛教，为弘扬佛法，将佛祖荼毗（火化）后的舍利（遗骨）分送世界多地。中国得其十九，其中的佛祖真身指骨舍利安奉于周原大地，并建塔（土冢）成寺，时称阿育王寺（即法门寺最早的寺名）。世界各地得佛祖舍利者多处，然而仅有法门寺佛指舍利受到中国王朝的拥戴，安然无恙地保留至今。千百年来，舍利之光穿越时空，照耀着大千世界……

一个最初以土冢为塔的乡间小寺，由此开启了它那波澜壮阔的历史航程。特别在有唐一代，帝王命名，朝野供奉，敕命弘建宝塔地宫供养，扩充寺域为皇家寺院，近300年间，王朝共六次迎奉佛指舍利入长安、洛阳皇宫，朝野顶礼膜拜，震动四海，法门寺成为全国朝佛之总道场，达到了它辉煌尊贵的巅峰。自大唐咸通十五年（874年）正月，李唐王朝在完成了最后一次迎奉佛指舍利，封闭了寺塔地宫之门后，法门寺便陷入了沉静寂寞之中。昔日的辉煌庄严、风光尊贵逐渐烟消云散，雕梁画栋、雄阔庙堂也在无尽的硝烟战火之中残败毁损，那深埋地下的寺塔地宫千余年来不为人知，佛指舍利也不知所终……

1 周原膴膴

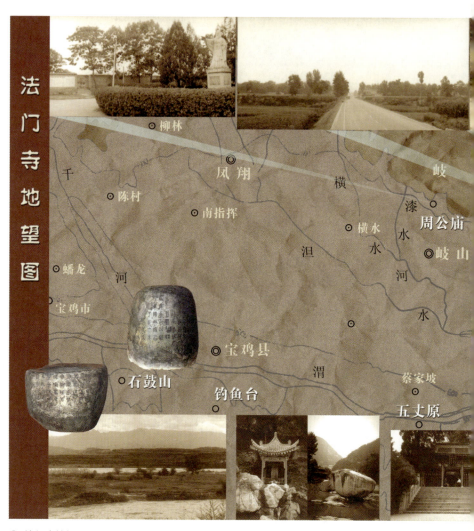

法门寺地望图

○ 柳林
千 凤翔 横 岐
○ 陈村 漆 ◎ 周公庙
○ 南指挥 水 水 ◎ 岐山
○ 横水 河
蟠龙 河 汧 水
○ 宝鸡市
◎ 宝鸡县
○ 石鼓山 渭 ○ 蔡家坡
钓鱼台 五丈原

○ 法门寺地望图

脉

山

山

黄堆

京当

蒲村

龙尾沟水

周原遗址

庄白

益店

美

天度

漆

水

召公

法门

阳

扶风

河

眉县

绛帐

河

河

武功

河

法门古寺

从古都西安西行，经咸阳走古道，从"宛转蛾眉马前死"的兴平马嵬坡到长宁（东扶风），眼见得前面就是武功县城，但真要走却要走上大半天。下坡过沟再上坡，就可以看到西北方向高耸入云的法门寺真身宝塔了，边走边说边看，猛地到一大塬边，向下一看，扶风县城到了——这就是古代丝绸之路行人所谓"想死的武功，猛到的扶风"的真实境况。由扶风县城向北10公里，就是法门镇，法门寺明代真身宝塔矗立镇上。远近流传的民谣这么唱道："法门镇，法门寺，把天磨得咯吱吱；法门寺，法门塔，离天只有丈七八……"

法门寺所在的扶风县，地处黄土高原南缘渭河平原中西部，位于陕西省中部偏西，在西安市和宝鸡市之间。法门寺居于扶风县北部，北倚乔山山脉。乔山在这里东西展开，形成中、西、东三观山，三山分别建有龙泉寺、凤泉寺和马泉寺。由宝塔南眺，秦岭主峰太白山遥遥在望，其间，滔滔渭河、潺潺沣水由西而东蜿蜒流过。唐人赞颂法门寺"面太白而千叠云屏，枕清渭而一条翠带"，真可谓一语道尽古寺古塔的地理形胜。

近代以来的法门镇是个平常的北方小镇。镇的东北，美阳河冲出了七八十米深的大沟顺势而下，经大北巷、东堡子，向东南流入沣水。法门寺在法门镇的中心，南北长约300米，东西宽约50米。

老山门临街，向东200米是老街道，再向东300米经东堡子就到了美阳河；向南300米是扶风县入永寿县的官道。老街道之北有韩（愈）文公祠、城隍庙，街南有五彩斑斓的戏楼。向西就是法门镇居民集聚居住之所。

法门寺入山门沿中轴线行进百米到罗汉（铜佛）殿，殿后就是明代砖塔，塔后是三开间大雄宝殿。东西山墙建有耳房，为法师们的居所。殿前是一片较大的平地，几棵参天的大楸树、大椿树遮盖了殿前空地，显出了幽静和恬淡。寺院东边的卧佛殿十分广阔，卧佛很大，仅他的耳朵里边就能容纳四五个人。另外，还有九子母殿等建筑，规模不小。除此之外，引人注目的是大雄宝殿前南北通道上那块80厘米见方的青色大理石，上有两个膝盖窝，这便是法门寺方圆百里妇孺皆知的明朝民女宋巧姣下跪之石。

○ 宋巧姣告状跪石

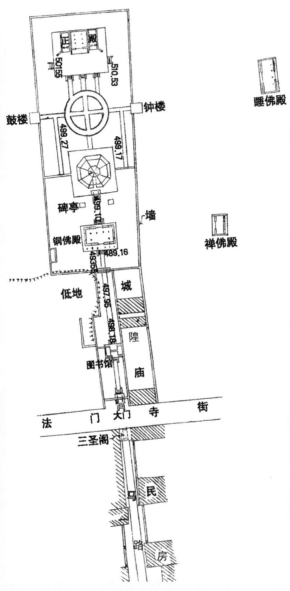

○ 民国时期的法门寺平面图

相传明正德年间，宋巧姣受人陷害入狱，时逢皇太后来法门寺降香，宋巧姣冒死御前告状，陈诉冤情。皇太后被宋巧姣的勇敢和刚烈所感，就命随驾的宦官刘瑾在法门寺中复审此案，惩办凶手。此事虽系传说，于正史无考，下跪石亦可能是后人穿凿附会之举，但据此而演绎的戏曲《法门寺》却影响极大，京剧、桂剧、昆剧诸多剧种都有演唱，而尤以秦腔最盛。但是，地处西北一隅的名刹法门寺却随着时间的推移而被人们逐渐淡忘了。

罗汉殿后的法门寺真身宝塔为明代重建的砖塔。塔高50多米，

○ 法门寺明代真身宝塔

飞檐斗拱，庄严肃穆。巨大的宝珠铜顶，乌黑发亮，异常耀眼。民间传说，这宝珠是当年唐朝大将尉迟敬德背上去的。塔基1米多高，20米见方，有围栏，南上北下两通阶梯。宝塔的第一层只有向南的一个门洞，内供铜佛，不可登塔。砖塔八棱十二层，层层檐角都挂有风铃，风动铃响，清脆悦耳。二层以上每层四面各有一个佛龛，内供佛像和佛经，外置铁网以防飞鸟进入。当地有民谣唱道："十二层，八棱子，八十九个窑（龛）门子。"千百年来，方圆数百里的老百姓虔诚地相信，这雄伟庄严的法门寺真身宝塔护佑着周原大地上世世代代的苍生。

宝塔的第一层四面顶上镶嵌着巨大的石匾，字大如斗，朴拙雄健。正东为"浮屠耀日"，正北为"美阳重镇"，正西为"舍利飞霞"，正南为塔门，上书"真身宝塔"。多少年来，无数的人流与它们擦肩而过、失之交臂；而它们，却正是法门寺千年沧桑的奥秘所在。

美阳重镇

北面石匾上的"美阳重镇"四个大字，正对着周原大地和10多公里以外的乔山，以及从乔山顺势而下的美水河。因法门镇在美水河之西，故又称美阳。公元前350年，秦孝公建秦41县，法门镇为美阳县治城，唐代改美阳县为岐阳县，法门镇仍是岐阳县治城。"美

○ 明塔题刻:浮屠耀日

○ 明塔题刻:美阳重镇

○ 明塔题刻:真身宝塔

○ 周原远景

阳重镇"四字大书旨在昭示后人，此地历史悠久，人杰地灵。

  法门寺所在之地就是在中国文化史上赫赫有名的周原大地，神农氏在此创立了最初的农业生产。扶风县西南有一个姜嫄村，相传美丽的姜嫄在郊野踏"巨人迹"受孕而诞生了伟大的人物——后稷，又称弃。弃在后来做了舜的稷官，主管农事，而得姓"姬"，成为周人最早的始祖和"农师"。姬族以擅长农业著称，后稷后代不窋、公刘、庆节等皆"复修后稷"之业。这里曾是西周肇基之地，也是中华文化发祥地之一。公元前11世纪，公刘的第九代孙，也就是周文王的祖父古公亶父率领周族部落，几经辗转迁徙，"止于岐下"，定居于法门镇周围的周原，建立了姬姓周国，以礼治道德风行社会，发展农耕，成为文明昌盛之邦。《诗经》歌颂"周原膴膴，堇荼如饴"，意思是说这里土地肥沃，连野菜都是甘美香甜的。后来文王兴邦，武王伐纣，周原就是宗庙和兴兵之地。公元前770年，周平王迁都洛邑，这里是秦的属地，仍有周的宗庙，受到尊崇。公元前221年，秦统一六国，扶风是京畿之地。至汉武帝时，为"扶助京师，以行风化"，设右扶风官署，曾辖咸阳以西大片土地，与京兆尹、左冯翊合为汉代三辅。在扶风县城以北的美阳县治，汉代以后成为丝绸之路上的"孔道"。张骞通西域，玄奘西行取经，均由此经过。扶风东汉时期有"班、马、耿、窦"四大望族，他们在中国历史上留下了显赫功绩。至今，扶风仍留有三班祠（班彪、班固、班超）、班固墓、三马祠（马援、马融、马超）等历史遗迹。今日法门寺一带的周原大地，出土了大量举世闻名的西周青铜器，被冠之以"青铜器之乡"的美誉，由此可见历史上这里孕育了灿烂的中国古代文明。

法门寺以其厚实的文化遗存成为数千年华夏文明的一个缩影。

千古奇文《璇玑图》

中国文学史上著名的织锦回文《璇玑图》及窦滔与苏蕙的爱情故事，就发生在东晋前秦苻坚时期的法门寺。

苏蕙，字若兰，武功人，约生于东晋前秦苻坚永兴元年（357年），嫁与寓居美阳镇的右将军窦真之孙窦滔，两人十分恩爱。其时，窦滔是苻坚的秦州（天水）刺史，但因忤旨，被贬至流沙（今敦煌）。临别时，苏蕙与窦滔依依不舍，窦滔更是山盟海誓，决不再娶。然而，窦滔在流沙却恋上了歌女赵阳台。晋武帝太元三年（378年），苻坚大举南进侵晋，任命窦滔为安南将军，赶赴襄阳。窦滔路过美阳家时，苏蕙见到赵阳台，对丈夫的背信弃义十分伤心，不愿同往襄阳。苏蕙独自在家，将自己对夫君的思念倾注于五彩丝线，织成诗文锦帕。窦滔收到妻子托人捎来的诗锦，深感其情深意厚，才华过人。他愧悔不已，送走赵阳台，盛礼把苏蕙接到襄阳团聚，恩爱愈炽。

后来，窦滔战死沙场，归葬于扶风故土。至今，扶风周秦坡仍留有窦滔墓，苏蕙则不知所终。

苏蕙在一幅长、宽仅8寸的方锦中，用五彩丝线织成841个字，29行，每行29字，形成以七言诗为主体，又包含三言、四言、五言、六言的有序组诗，顺读、回读、横读、斜读、交互读、蛇行读、退一字读、重一字读、间一句读、左右旋读，皆成诗章。千百年来，人们反复诵读，推敲揣测，竟得诗8000余首。它在回文诗中构思最奇特、最巧妙，其智慧确是惊人。当时有人看不懂，也读不出，苏蕙则说："徘徊婉转，自为语言，非我佳人，莫之能解。"

唐代女皇武则天见到苏蕙的织锦回文，推崇备至，认为其"才情之妙，超古迈今"，赐名《璇玑图》，作序言褒扬。

由于《璇玑图》影响深远，过去周原一带，甚至关中西部，每逢女子出嫁，都要先织许多有方格图案的五彩手帕，散发给参加婚礼的亲友，意在告诫男方要珍惜爱情，毋忘夫妇之义。

○ 前秦女诗人苏蕙所作织锦回文《璇玑图》

```
琴清流楚激弦商秦曲发声悲摧藏音和咏思惟空堂心忧增慕怀惨伤仁
芳廊东步阶西游王姿淑宛窈伯邵南周风兴自后妃荒经离所怀叹嗟智
兰休桃林阴翳桑怀土卷旧乡身加兼愁悴少精神遐旷路伤中情怀德
涸翔飞燕巢双鸠颐其人硕兴齐商双发歌我衷衣想华饰容朗镜明圣
茂流泉情水激扬蕤葳粲翠荣曜流华观冶容为谁感英曜珠光纷葩虞
熙长君思悲好仇悲情我感伤情微宫羽同声相追所多思感谁为荣唐
阳愁叹发容摧伤身苦惟艰生患多殷忧缠情将如何钦苍穹誓终笃志贞
春方殊离仁君荣加怀忧是婴藻文繁虎龙宁自感思岑形茕城荣明庭妙
墙禽心浜改汉物思何漫漫荣曜华雕旗孜孜伤情幽未犹倾苟难闱显
面伯在者之品润苦艰是丁丽壮观饰容侧君在时岩在炎在不受乱华重
殊诚故匿飘施愆我生何冤充颜曜绣衣梦想劳形峻慎盛戒义消作荣
意遗亲飘生思愆少章时桑诗端无终始诗仁颜贞寒嵯深兴后姬源人章
感故遗闻离天罪辜精微盛翳风比平始璇情明别改知识深微至璧女因奸臣
故废远微地积何徽恨昭感兴苏心玑行华终涡渊察大赵婕所佞害贤
新离隔德怨因其业孟鹿丽氏诗图显士容始松重远伐氏好悖凶圣
霜殊乔贵其备元倾宣鸣辞理兴义怨念是旧愆涯祸用飞辞恣害配
冰故君殊我同谁均日往感年衰念谁为独居经在昭燕辇极我骄忠英
齐志惟新衾阴匀辞戚戚情哀思谁为贱女怀叹网防青实汉骄忠皇
洁纯贞志一专所感我者谁世异浮奇倾鄙贱何如罗荫青生成盈贞伦
志微精感通明神沙流颜逝异浮沉华英翳曜潜阳林西昭景薄榆桑匹
清云浮寄身轻飞驰若不盈无倏逝惟时年殊白日西移光滋愚逸漫顽凶离
纯辉光饰粲殊文亏不盈无倏必盛有衰无日不陂流蒙谦退休孝慈飘
望群离散妾孤遗离忠体一违心意志殊愤激何施电疑危远家和雍浮
谁悲哀声殊乖分仪容仰俯荣华丽饰身将兴谁为逝容节敦贞淑思江
思春伤应翔雁归贤何情忧感惟哀志节上通神祇推持所贞记自恭湘
想刚柔有女为贱人房幽处己悯微身长路悲旷感生民梁山殊塞隔河
怀悲哀声殊应翔雁贤何情忧感惟哀志节上通神祇推持所贞记自津
所春伤刚柔有女房幽处己悯微身长路悲旷感生民梁山殊塞隔河津
亲刚柔有女为贱人房幽处己悯微身长路悲旷感生民梁山殊塞隔河津
```

据记载，法门寺博物馆的西邻就是窦滔的府第。明神宗万历十八年（1590年），法门镇人民为了纪念苏蕙及《璇玑图》，在巷北城门上方镶嵌"西望绫坑"四个大字和"苏氏安机处"五个小字。传说绫坑是当年苏蕙的洗锦池，池北有一渠清泉流入，再转到窦滔花园。离城门10多米处，还修建有一座大照壁，上刻"武镇秦国"四个大字和"安南将军遗址"六个小字。

回文《璇玑图》作为重要的文学遗产，历代都受到学子的尊崇，他们留下大量作品。而佛门与回文结缘，始自印度来华高僧达摩的《真性颂》。此后嗣音连绵，《敦煌宝藏》有宋太宗赵光义的《御制莲华心轮回文偈颂》，1933年北平中央刻经院还出版了《璇玑图诗》。明学使臣至汉城，高丽往往派通晓汉文学的官员迎送陪同，诗文唱和，也留下不少回文；在越南陶娘歌里，喃译《织锦回文》，更是常见的曲辞名篇。最早进入中西文学交流领域的，也是中国回文织锦诗（见16世纪英国人 George Puttenham 所著的 *The Art of English Poesie*）。在汉诗回文的影响下，日本人民运用和文的特点和规律创制回文和歌、回文运歌、回文俳谐。

我国历代回文专著，仅少数流传至今，如谢灵运撰有《回文集》十卷，然至唐末只剩一卷，宋后则湮没无闻。宋桑世昌编《回文类聚》，分类纂辑自晋迄南宋诸家回文诗词图录。成书后明万历中云间张之象、清康乾间吴郡朱象贤又进行补辑。朱氏补辑，其生前多次重刻，先后刊行的计有四卷本、五卷本、十五卷本。张续、朱续虽疏漏颇多，遭到四库馆臣的批评，然流传至今，波及海外，200余年来，未闻有人再续或另编总集。《回文类聚》一书，现在除图书馆入藏外，于民间已难觅其踪迹了。

30多年来，法门寺博物馆举办了苏蕙、《璇玑图》、中华回文等学术文化研讨会，组织出版专著，曾在苏宅原址征地20亩，规划建设"中华回文馆"，弘扬中华文化。

2 舍利西来

在法门寺真身宝塔的西面石匾上刻着"舍利飞霞"四个大字。舍利，即佛祖的遗骨，飞霞乃夕阳光辉，寓意佛光普照。可是为何要刻上这四个字？这与佛祖和舍利又有什么联系？在寺塔地宫发掘之前，是没人能解释清楚的。

其实，这块石匾所蕴含的正是中国和世界文化史上的一个重大事件。

○ 明塔题刻：舍利飞霞

舍利西来

佛教的创始人释迦牟尼相传诞生于公元前565年左右，是古印度迦毗罗卫国（今尼泊尔境内）国君净饭王之子，名乔答摩·悉达多，释迦牟尼是世人对他的尊称，即释迦族的圣人。据佛典记载，乔答摩·悉达多聪明智慧，多愁善感，对世间的人和事寄予无限的同情，为解决世间的一切问题，他生出了超世出尘的心愿。他的父王想让他养成健壮的身体和超人的能力，希望他继承王位后好为国家建功立业，做五印诸国的盟主，人民同样也有此愿望。但他愈过富丽堂皇的生活，愈感为繁华所累。他读遍了书院经典、五印新书，愈感觉迷惘不解，得不到真知，解决不了问题。他的愿望是想在人生问题的深处做彻底的解决。于是他舍弃王位，离妻别子，半夜出逃，在雪山修道6年，最后在菩提树下证道成佛（觉悟）。为了教化众生，他说法49年，教出若干大弟子，组织起僧团，建立了佛教。释迦牟尼创立的佛教，虽具有一般宗教的特征，但由于他一开始就接触到生和死、心和色、思维和存在等根本问题，特别是大乘学说重视认识论，有它自己的一套完整而繁复的思想体系；同时在修持上强调自力、自悟，这就使得它能自拔于原始佛教之外，蔚成极富智慧和生命力的宗教。

佛祖释迦牟尼相传于公元前486年圆寂，百年之后，孔雀王朝的

○ 印度瘞埋舍利的桑奇古塔

第三代君主阿育王以武力统一了印度，立佛教为国教，被佛教称之为转轮王。为弘法布教，他将佛祖灭度火化后的舍利（遗骨）分送印度及世界有关国家和地区，组织僧团建塔供养，传承法脉，这才有了世界各地瘗藏佛骨舍利之塔，统称阿育王塔。这些塔大多数都很小，后来有些塔又经过进一步扩建，规模才不断增大。中国僧人法显、玄奘等人在印度旅行时，就曾看到许多阿育王塔，并在他们的游记中做了具体的描述。这些佛塔后来相继湮没，今天的桑奇古塔就是印度唯一留存的一座阿育王塔了。

中华安奉

根据唐代道世《法苑珠林》记载，阿育王塔在中国有19处，岐州岐山南塔（法门寺塔）是为第五处。

由于千年历史的演变，先秦时期法门寺安奉佛祖指骨舍利的事于正史无传，但佛典上有记载。唐代法琳《对傅奕废佛僧表》一文，说秦始皇时有外国僧众来华弘法，文曰：

释道安、朱士行等《经录目》云：始皇之时，有外国沙门释利防等一十八贤者赍持佛经来化，始皇弗从，遂囚禁之。夜有金刚丈六来破狱出之。始皇惊怖，稽首谢焉。

秦始皇当政时间是公元前247—前210年，而印度阿育王在位时间是公元前268—前232年，时间相距不远，阿育王派出大批僧侣去周边国家弘法，释利防等18人便是最早来华的弘法使者，他们不怕危险布化"千古一帝"。但是学界鉴于无官方史料，对此多持否定态度，"金刚破狱"自是神话。

但扶风有个传说比这简单的几句话更加丰富和离奇。扶风县有个小地方，名叫佛指沟，其地名与古代人见到的瑞应有关。那是说西域沙门释利防等一行18人，历3年之艰辛，穿越36国，终于踏上了中土。秦王嬴政四年（前243年），他们沿丝绸之路东进，一天傍晚来到古周原的美阳城附近，就在一个无名沟岔的所在住了下来。由于长途跋涉，他们疲惫不堪。刚要安歇时，忽然有人在外边惊喜地喊了一声："快来看！"众人闻声，纷纷赶到他跟前，朝他手指的方向望去，只见整个美阳城上空飘逸荡漾着五色祥云，一朵朵、一串串，像秋日的花丛，似流淌的彩练，照耀得美阳上空亮成一片。祥云久久不散，众人怦然心动，他们都不约而同地将见到的情景和此次出使东土的任务联系在一起。古周原竟有如此瑞兆显现，那就说明这里是理想的安奉佛指骨的地方。于是，佛指舍利便安奉于此，建塔名阿育王塔，成寺名阿育王寺。这个无名沟岔从此也就有了"佛指沟"的地名。

释利防一行去教化秦始皇没有成功，他们就以周原的阿育王塔为中心，走了传播佛法的第二条道路：向民间传播。十几个人朝不同的方向出发，把剩下的舍利也起塔供养。据记载，他们起塔供养舍利的地方一共有19处。

○舍利塔分布图

佛教兴盛

据清嘉庆《扶风县志》记载，东汉明帝永平十年（67年），美阳县建阿育王冢，藏佛祖指骨舍利。又据《大唐圣朝无忧王寺大圣真身宝塔碑铭并序》记载，最早的塔形是一个半圆形的大土堆，其上加一顶盖，犹如一只覆盖的钵盂，"故风俗谓之圣冢"。汉桓帝建和元年（147年）至汉灵帝中平六年（189年），因"圣冢""时有灵异"，美阳县建阿育王寺（今法门寺）。而据唐道宣《集神州三宝感通录》记载："周魏以前，寺名育王，僧徒五百。"据此，周魏之时，阿育王寺就是一座大寺庙了。

汉、魏晋到南北朝，佛教文化以其般若圆融的法性广布朝野，以至于出现南朝四百八十寺、北方"家家阿弥陀、户户观世音"的奇妙现象。特别是以仿效周礼而建立的北周王朝，对建立在周原大地的阿育王寺更是顶礼膜拜，视其为宫廷寺院。从太祖文皇帝宇文泰到太师、大冢宰、晋国公宇文护等皇族贵胄，均来阿育王寺礼佛参拜舍利，阿育王寺声名大振，成为圣地之一。有文字可考的第一次供养阿育王寺佛骨舍利在西魏恭帝二年（555年），据《大唐圣朝无忧王寺大圣真身宝塔碑铭并序》记载：西魏宗室岐州牧小冢宰拓跋育，以为"育"（古代印度阿育王）古名同于今，"削旧规，创新意，广以台殿，高其闬闳，度僧以资之，刻石以记之"。并"初启塔基，肇申供养"。及后，北周武帝宇文邕于建德三年（574年）至建德七年（578年）灭佛，周原阿育王寺首当其冲，"厢宇外级，唯两堂独存"，几乎成为一片废墟。武帝死后，新帝继位颁发复佛诏令，佛教再度复兴。581年，北周大丞相杨坚废帝自立，改国号为隋，是为隋文帝。他认为他是依仗周原的风水宝地和佛祖灵气而得皇位，因而大力扶持佛教，奉佛教为国教。在周原大地，他尊奉乔山之上的凤泉寺，而阿育王寺也得以重兴。隋开皇三年（583年），隋文帝依佛典《成实论》，改天下佛寺为道场，阿育王寺即改名为成实道场，舍利塔亦改名为成实道场舍利塔。

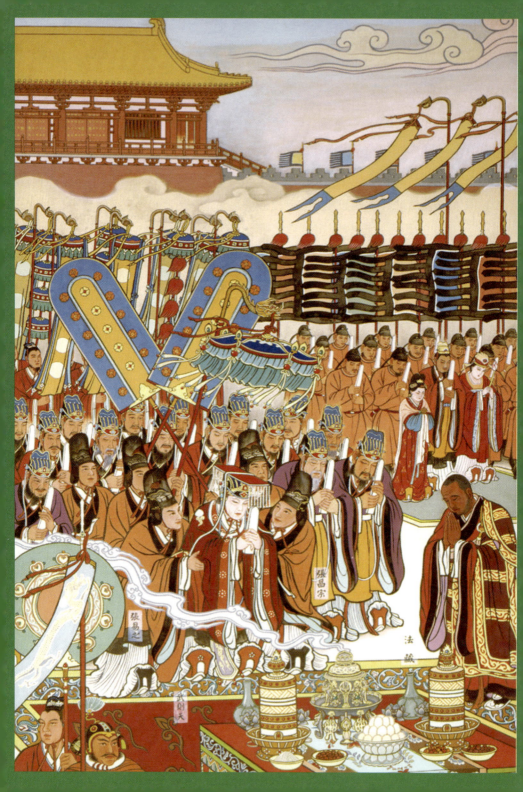

3 皇帝佛国

○ 大唐迎佛图

有唐一代，唐高祖李渊和唐太宗李世民实行"儒、道、佛"三教兼顾的宗教国策，推动了唐代后世帝王的礼佛浪潮，以至出现举国同庆的六次迎奉法门寺佛指舍利之盛举，使佛教自传入中国后达到狂热的鼎盛时期。在这一时期，法门寺成为皇家寺院，迎来了建寺以来最为辉煌的时期。

高祖赐名法门寺

据《全唐文》载，岐州刺史李渊，因其子李世民患病而到草堂寺祈福禳灾，"蒙佛恩力，其患得损"。这使他对佛教颇具好感。后

在寺院造石碑像一铺，"愿此功德资益弟子男及合家大小，福德具足，永无灾障。弟子李渊一心供养"。公元617年11月，李渊率兵攻入长安，立代王杨侑为皇帝，被封为"大都督内外诸军事、大丞相，进封唐王"。在此期间，他上表奏请将成实道场改名为法门寺，以示一元复始、万象更新的心态。次年，他来美阳县视察民风，到了法门寺。此时的法门寺经历了周武法难和十几年的战火烽烟，已沉寂多年，破烂不堪，他不由得生发悲悯之心。唐武德元年（618年）五月，夺取皇位的唐高祖李渊亲颁诏书，正式将成实道场赐名法门寺，佛祖真身舍利被尊奉为护国真身舍利，受到最高供养。由此，法门寺掀开了以后200多年间，在中国历史及中国佛教史上最为辉煌的一页。

太宗敕令开示佛骨

唐初武德二年（619年），薛举起兵侵犯关中西部，秦王李世民率兵讨伐。李世民师抵沔川（今扶风县城），于此犒师，"钦承灵踪，宿布虔恳，一戎遂定"。其在与薛举决战之前，在法门寺先向佛祖灵踪致礼，既表明其诚意，又祈求佛祖保佑决战得胜。大败薛举之后，他决定给法门寺度僧80名，并请敕命，奏请京师宝昌寺僧人惠业入寺住持。李世民出生于扶风县东邻的武功庆善寺宅第，他坚持"儒、道、佛"三教平衡，对佛教亦主要是"示存异方之教"，显示了一种

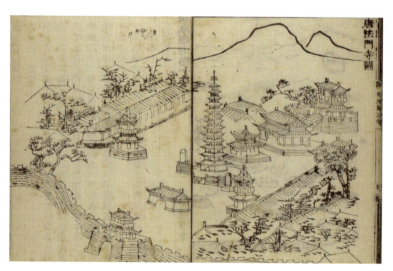

○《扶风县志》（乾隆四十六年熊家振版）插图

对外来文化吸收、包容的心态和胸怀。因他的"度僧""奏请住持"之举，奠定了法门寺在唐代的特殊地位。不料，因寺院僧众与隋末避乱之民杂处，不慎失火，法门寺被焚烧一空，连北周灭法时仅存的两堂也被毁。此后，在僧众的努力下，法门寺殿宇重新得到修复，佛事活动正常开展，除原住僧外，又增加了几十名大德和沙弥。

唐贞观五年（631年），岐州刺史张德亮来法门寺礼拜，但见古基独留，其上无塔，便上奏朝廷修复。其时太宗李世民已经以幼弑长夺取皇位，为了以佛抚民，安定时局，"下诏许之"，并"敕望云宫殿以盖塔基……因构塔上尊严相显"。道宣《集神州三宝感通录》记载说：

> 古老传云：此塔一闭，经三十年一示人，令生善。亮闻之，以贞观年中请开剖出舍利以示人。恐因聚众，不敢开塔。有敕并许，遂依开发。深一丈余，获二古碑，并周魏之所树也。……既出舍利，通现道俗，无数千人一时同观。

唐太宗诏启塔基、开示舍利，促使形成了"儒、道、佛"三足鼎立之势，不仅无形中确立了法门寺的国寺地位，也使得佛指舍利的供养升了规格，大大加速了佛教中国化的历史进程。

高宗首次迎奉佛骨

唐高宗李治是太宗第九子，是佛教的忠实信徒。

显庆四年（659年）九月，以破译咒术闻名的内山僧智琮、弘静应诏入朝，拜见高宗。二僧给高宗介绍了法门寺的久远历史，认为其寺声名渐长，需要很好地弘扬和爱护。道宣《集神州三宝感通录》记载：

> 上曰："岂非童子施土之育王邪？若近有之，则八万四千之一塔矣。"琮曰："未详虚实。古老传云，名育王寺，言不应虚。又传云：三十年一度出，前贞观初已曾出现，大有感应。今期已满。请更出之。"上曰："能得舍利，深是善因。可前至塔所七日行道，祈请有瑞，乃可开发。"即给钱五千贯，绢五十匹，以充供养。琮与给使王长信等十月五日从京旦发，六日逼夜方到。

王长信与二僧一起前往法门寺迎请舍利。十月五日出发，第二天"逼夜"到达，遵奉皇帝圣谕没有当时开取，而是虔诚乞请以等待瑞相的出现。六天过去了，瑞

二聖禮佛

武則天

高宗

○ 高宗迎佛

相仍未出现。直至第六天晚上的三更，"忽闻塔内像下振裂之声；往观乃见瑞光流溢，霏霏上涌，塔内三像足各各放光"。智琮见状大喜，赶快叫随同僧人及官员一起见证，并把所见到的祥瑞报告给高宗。高宗即"敕使常侍王君德等送绢三千匹，令造朕等身阿育王像，余者修补故塔。仍以像在塔，可即开发，出佛舍利，以开福慧"。

显庆五年（660年）春三月，高宗敕令将舍利迎入东都洛阳内道场供养，在内道场停留一日后，转入禁中。皇宫内掀起了一股崇佛的热潮，"皇后舍所寝衣帐直绢一千匹，为舍利造金棺银椁，数有九重，雕镂穷奇"。直至龙朔二年（662年）二月十五日，高宗方才敕使将舍利送还法门寺。

此次供养首开诸帝迎奉佛骨入宫的先例。泱泱大国的天子亲自供养，皇后武则天又别出心裁地打造宝函，数为九重，瘞藏佛指舍利。九为数之极，规格等同于天子。这大概是释迦牟尼灭寂之后在域外享受到的最高礼遇了。

法门寺在高宗礼佛中的另一收获是经济宽裕，寺貌改观。如赐绢数千匹，给钱数千贯，寺宇重新修葺。"僧以旧材多杂朽故，遂总换以柏，编石为基，庄严轮奂，制置殊丽。"唐高宗李治供养舍利的塔下地宫，其上高筑木质"大圣真身宝塔"。经这次修葺，昔日小寺成为关西名刹，真身宝塔巍然挺立，以关中"塔庙之祖"的姿态雄踞天下。

武则天第二次迎奉佛骨

唐永徽六年（655年），武则天被高宗立为皇后；麟德元年（664年），天下大权尽归武后；弘道元年（683年），武后临朝称制；天授元年（690年），武则天废睿宗，改国号为周，称圣神皇帝。在长达半个世纪的政治生涯中，她得益于佛教之处甚多，对佛祈福、求佑乃至利用。正是在感恩还愿心态之下，暮年的武则天继高宗之后二度迎奉法门寺佛骨舍利入宫供养。

长安四年（704年），大周皇帝武则天特命凤阁侍郎博陵崔玄与贤首国师法藏偕往法门寺迎佛指舍利，"万乘焚香，千官拜庆"，声势浩大至极。唐崔致远《唐大荐福寺故寺主翻经大德法藏和尚传》载：

> 时藏为大崇福寺主，遂与应大德、纲律师等十人，俱至塔所，行道七昼夜，然后启之，神辉煜爚。藏以昔尝炼指，今更玃肝，乃手擎兴愿，显示道俗，舍利于掌上腾光，洞照遐迩……岁除日至西京崇福寺。是日也，留守会稽王率官属及五部众投身道左，竞施异供香华鼓乐之妙，蒙瞆亦可睹闻。洎新年端月孟旬有一日入神都，敕令王公已降，洛城近事之众，精事幡华幢盖，仍命太常具乐奏迎，置于明堂。观灯日，则天身心护净，

○ 女皇迎佛

○ 中宗下发

头面尽虔，请藏捧持，普为善祷。

翌年（705年）正月，宫廷政变。武则天被迫退位，不久病死，终年82岁。佛骨仍留洛阳明堂供养。景龙二年（708年），唐中宗李显送佛指舍利回归法门寺，并下发供养。这一段历史记载于1978年法门寺附近出土的砖刻《下发入塔铭》。此次下发供养涉及7人，是中宗皇帝一家及两位夫人。身体发肤受之父母，不可稍有损伤，下发供养则是以身供养，较之武则天"舍所寝衣帐"供养又高了一个规格，而且当时主持唐中宗下发入塔佛事的是法门寺三纲（唐时寺院三纲指寺主、上座和都维那）。佛事用彩帛3000匹，并对法门寺大规模修建。法门寺佛指舍利此次在长安和洛阳两地供养历时三年之久。

以前的法门寺因以佛指舍利瘗埋而著名，有佛学造诣的高僧大德尚少问津，但武则天参与并主持的大唐第一、第二次迎奉佛骨，有智琮、弘静、法藏、文纲等诸位高僧大德热心加入，遂使当时佛教界对法门寺刮目相看，使得法门寺不仅以佛指闻名，而且还寺以僧名。所谓"名山有名寺，名寺有名僧"，法门寺亦成为"三名"相兼的寺院了。特别是在玄奘法师圆寂之后，长安慈恩寺也黯然失色，法门寺取而代之，成为皇家内道场。

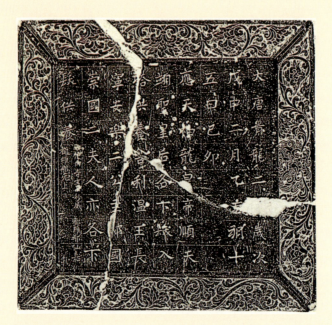

○《下发入塔铭》

肃宗第三次迎奉佛骨

唐玄宗天宝十四年（755年），"安史之乱"爆发，玄宗逃蜀避祸。翌年太子李亨在灵武被西北驻军拥戴即位，是为唐肃宗，改元至德。

肃宗朝并不具备迎奉佛骨的条件，因为李亨不是虔诚礼佛之人，并不以佛教为意；何况"安史之乱"使得国无宁日，民不聊生，肃宗调集兵马平叛，军费捉襟见肘，甚至将度僧费用挪作军资。

最终导致肃宗崇佛和迎奉佛骨的原因在于中唐政局。肃宗平叛，主要依赖的是陇右、河西、安西、西域之兵，如朔方军郭子仪、李光弼部，河西节度使李嗣业部，安西行军司马李栖筠部等，这几支部队中少数民族居多，信仰佛教。其时肃宗的平叛指挥部又移至法门寺所在的扶风县。临近法门寺皇家寺院，受到影响和启悟，不能不乞灵于佛教以稳定军心，提高士气。至德二年（757年），唐军收复长安，唐肃宗说："今已京城再复，贼寇歼灭，岂独宗庙之福，社稷之灵？京师等兆民恳诚感达天地之所致也。"归功于有神灵庇佑。其时正届法门寺佛指舍利三十年一开之期，他决定迎奉佛骨入宫奉养。鉴于国库空虚，力主节省，自己"自今以后"，"常膳及服御等物，并从节减"，也要求臣子们"共体至公"，但为了通过弘扬佛事以稳定人心、军心、政局，尚不敢吝惜钱财。

○ 肃宗迎佛

上元元年（760年）五月，肃宗诏敕高僧法澄、中使宋合礼、凤翔府尹崔光远等，迎奉法门寺佛指舍利入京内道场供养，"圣躬临筵，昼夜苦行"。此次迎奉佛骨活动虽然历时仅两个月，规模不大，供养不丰，但是此时正值李光弼与史思明在洛阳血战、康楚元在襄州叛变切断了唐王朝的漕运粮道、西北边陲"党项等羌吞噬边鄙，将逼京畿"之时，经声佛号相伴鼓金齐鸣，香烟袅袅和着刀光剑影。肃宗循惯例不辍迎佛法事，不失为安定民心、恢复大唐政局之良策。

此次舍利迎奉活动，使法门寺在贞观五年、显庆五年两次大修寺塔的百年之后，再次得以大修宝塔，将其加高成四层木塔，塔顶饰以绚丽的轮相。

由于几代帝王的青睐，法门寺一修再修，其规模达到全盛时期，拥有瑰琳宫二十四院。当时的长安名刹、曾为皇家内道场的慈恩寺也才十几院，西明寺总十院，法门寺的规模为其两倍，僧众已逾万，列全国名寺之首。

德宗第四次迎奉佛骨

唐德宗名李适，系代宗长子，于大历十四年（779年）继位。即位之时，德宗就"不得奏置寺观及度人"，意欲一改前朝崇佛的状况。妃子之父王景先和驸马高怡为他献上金佛像，他拒收而退还。"秋七月丁丑，罢内出盂兰盆，不命僧为内道场。"种种迹象表明，德宗在法门寺佛骨舍利届三十年一开之际，恐也不会张罗迎奉佛骨了。然而，德宗身处多事之秋，削藩政策无法付诸实施，藩镇联兵对抗中央，先后有朱泚称冀王，田悦称魏王，王武俊称赵王，李纳称齐王；调西北泾州之师前去平藩，不料泾州士兵在长安发难，将皇帝赶到奉天（陕西省乾县）。在千方百计用武力平息了朱泚之乱后，德宗终于明白在中央和藩镇的军队之中，颇多信奉佛教的"胡人"和汉人，欲安定人心，非依用佛教莫属。为了笼络人心，维持社会秩序，他不得不退回到先王制定的"儒、道、佛"三教平衡的基本国策上来。

贞元六年（790年），正值唐肃宗迎奉佛骨后三十年之期，德宗下诏迎奉佛骨到长安。"春，诏出岐山无忧王寺（法门寺）佛指骨迎置禁中，又送诸寺以示众。倾都瞻礼，施财巨万。"这次迎奉活动时间不长，仅为一月左右，然而对于佛骨的到来，"倾都瞻礼"的盛况，使德宗看到了佛教征服人心的力量，推动他由拒佛排佛走向崇佛礼佛。

宪宗第五次迎奉佛骨

唐宪宗李纯，公元806年即位，改年元和。其在位时，裁减冗员，制定礼仪，重开武举，利用藩镇间的矛盾先后平定诸藩，并发展生产，整顿时政，使得唐王朝一度中兴。他希望借助佛教以巩固统治，因而大力崇佛，这才有了第五次迎奉法门寺佛指舍利之举。

元和十三年（818年），功德使上奏："凤翔法门寺塔有佛指骨，相传三十年一开，开则岁丰人安。来年应开，请迎之。"宪宗下诏，于十二月遣中使率僧众赴法门寺迎奉佛骨。元和十四年（819年）春，中使杜英奇押宫人30人，手持香花，赴临皋驿迎佛骨，自光顺门进入皇宫大内。在禁中三天以后，又将佛骨送到京城诸寺供奉。"王公士庶，奔走舍施，唯恐在后，百姓有废业破产，烧顶灼臂而求供养者。"宪宗为使佛祖佑护中兴之局，也为自己多病之体祈福延寿，在迎奉之时"亲奉佛灯"，虔诚至极。但是，这次迎奉佛骨，发生了中国历史上颇为著名的"韩愈谏佛"事件。

韩愈自唐德宗至唐宪宗时，历任监察御史、国子博士、刑部侍郎、吏部侍郎等要职，他看到举国迎奉佛骨，如痴如狂，耗资损民，因而思政忧民，写下《谏迎佛骨表》上疏宪宗，指责朝廷崇佛过度，劳民伤财，不利国政，还说信佛的帝王都寿短。宪宗"怒甚"，严斥韩愈并"将加极法"，其后将其贬为潮州刺史。韩愈忠君遭贬，行至蓝关，写下了一首传诵千古的绝唱《左迁圣蓝关示侄孙湘》：

> 一封朝奏九重天，夕贬潮州路八千。
>
> 欲为圣明除弊事，肯将衰朽惜残年。
>
> 云横秦岭家何在，雪拥蓝关马不前。

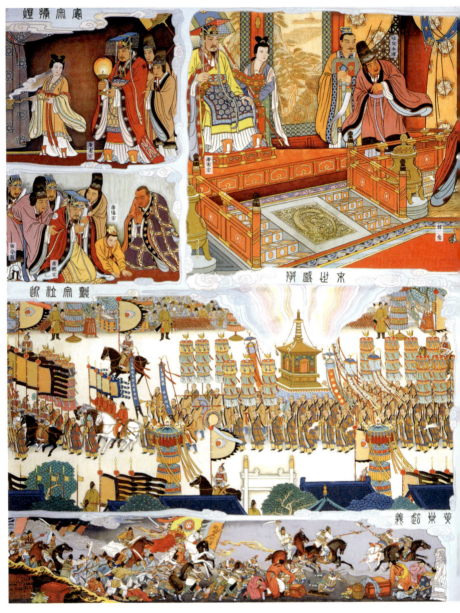

○ 宪宗礼佛

知汝远来应有意，好收吾骨瘴江边。

而唐宪宗在此次奉佛后感觉甚好，情不自禁地
吟道：

功成积劫印纹端，不是南山得恐难。

眼睹数重金色润，手擎一片玉光寒。

炼时百火精神透，藏处千年莹彩完。

定果薰修真秘密，信心莫作等闲看。

武宗毁寺灭法

唐武宗即位之前的敬宗、文宗，已经看到佛教
的极度扩张对政局的影响。在进入中唐以后，随着
连年的战乱和政治上的腐败，各地寺院渐渐变成了
娱乐场所，原有的那种神圣、肃穆、庄严已逐渐消
失，此时的僧尼为招引庶民百姓、达官贵人，往往
卖法阿俗。朝野上下，都争拥寺院，迷恋于世俗的
说法。寺院、佛教的畸形发展，也逐渐形成对抗朝
廷的潜在势力。到武宗继位之前，唐朝和尚被朝廷
封为司徒、司空、国公等一类的显官贵爵达30人之

多，甚至有的被封为将军而参与军机要务，那些与权贵交往密切的僧人，更是气焰嚣张不可一世。由于僧侣日渐形成了一股政治势力，已严重地冲击了正常的封建秩序。当时全国大中型寺院近5000座，小型庙宇达4万余座，僧尼近30万人，寺院奴隶达15万人。寺院占有良田数十万亩，租与农民耕种，收取地租，经营高利贷，寺院经济迅速膨胀，达到了"十分天下财，而佛有七八"的程度，与地主、贵族、皇权利益严重对峙。敬宗、文宗对此曾进行引导和限制，未能收到预期的效果，但这已为唐武宗的毁寺灭佛埋下了伏笔。

唐武宗偏好道术，一直将佛教作为异端而大加排斥。公元840年，武宗登基，即与心腹道士过从甚密，开始了排佛行动。会昌二年至四年（842—844年），武宗连续颁发敕令，从限制寺院蓄奴到清洗僧尼，将不明身份僧人捉拿问罪，再进一步"焚烧经卷，毁拆佛像，赶出僧众，各归本土"。又敕令：代州五台山及泗州普光王寺、终南山五台、凤翔府法门寺，寺中有佛指节者，不许置供及巡礼，违者严追。同时，拆毁全国小型佛寺，经文佛像移于大寺，各寺大钟转送道观。会昌五年（845年），武宗又连续下诏，对佛教及寺院予以最为致命的打击，全国4600座佛寺被毁，拆毁其他佛教建筑4万余座，勒令还俗的僧尼达26万之多，没收寺院土地数千亩，收寺院奴婢为两税户达1.5万人，没收寺院财产无以数计。同时，武宗又敕令藏有佛骨舍利的寺院一律予以毁碎。在此"会昌法难"之中，除法门寺之外，全国18处佛祖舍利尽皆被毁。

在此次劫难之中，法门寺受到严重破坏，不仅寺庙被毁，而且前五帝迎奉供养佛骨的大量国宝重器被劫一空。武宗下令毁坏佛指舍利，法门寺僧冒着生命危险"碎殄影骨，上以塞君命"，即毁坏了影骨（仿制）舍利，搪塞了武宗，而将真正佛祖指骨舍利秘藏起来，得以保留。会昌六年（846年），唐武宗病死。唐宣宗李忱即位，首先杀死了煽动武宗灭佛的道士，诏令恢复所有佛教寺院，"会昌法难"至此告终。

懿宗第六次迎奉佛骨及僖宗礼送佛骨

唐懿宗为宣宗长子，名李漼，大中十三年（859年）即位。其时唐王朝已经走向衰败，懿宗甚为荒淫，穷奢极欲，不理朝政，史称懿宗"器本中庸，流于近习"。且连年用兵，征剿各地的叛乱，更加剧了国家的衰亡。由于无力治国，他遂乞灵于佛教，"怠临朝政，僻于奉佛，内结道场，聚僧念诵。又数幸诸寺，施与过当"。咸通十二年（871年）八月，九陇山禅僧师益上书朝廷，请求结坛法门寺真身塔下，十九日获佛祖真身指骨舍利于旧隧道西北角。当临近法门寺佛骨舍利三十年一开之期，懿宗便及早敕令为迎奉佛骨做准备工作，如敕造捧真身菩萨，造迎真身银金花双轮十二环锡杖及其他供奉物，亦令地方筹办奉物。

咸通十四年（873年）春，懿宗置内忧外患于不顾，组建高规格的迎佛祖真身舍利班子，成员10余人，俱为朝廷大臣、御封高僧、首座大师、地方要员等上层人士，俨然把迎奉佛骨作为国家大典。此次迎奉，除新、旧《唐书》外，苏鹗的《杜阳杂编》做了详细记录：

十四年春，诏大德僧数十辈，于凤翔法门寺迎佛骨。百官上疏谏，有言宪宗故事者，上曰："但生得见，殁而无恨也。"遂以金银为宝刹，以珠玉为宝帐香舁，仍用孔雀氄毛饰其宝刹。小者高一丈，大者二丈。刻香檀为飞帘花槛、瓦木阶砌之类，其上遍以金银覆之。舁一刹则用夫数百。其宝帐香舁，不可胜纪。工巧辉焕，与日争丽。又悉珊瑚、玛瑙、珍珠、瑟瑟缀为幡幢，计用珍宝，不啻百斛。其剪彩为幡为伞，约以万队。

四月八日，佛骨入长安。自开远门安福楼，夹道佛声振地。士女瞻礼，僧徒道从，上御安福寺，亲自顶礼，泣下沾臆。即召两街供奉僧，赐金帛各有差。而京师耆老元和迎真体者，悉赐银碗锦彩。长安豪家竞饰车服，驾肩弥路。四方挈老扶幼来观者，莫不蔬素，以待恩福。时有军卒断左臂于佛前，以手执之，一步一礼，血流洒地。至于肘行膝步、啮指截发（者）不可算数。又有僧以艾覆顶上，谓之"炼顶"，火发痛作，即掉其首呼叫。坊市少年擒之，不令动摇，而痛不可忍，乃号哭卧于道上，头顶焦烂，举止苍迫，凡见者无不大哂焉。上迎佛骨入内道场，即设金花帐，温清床，龙鳞之席，凤毛之褥，焚玉髓之香，荐琼膏之乳，皆九年诃陵国所贡献也。

初，迎佛骨，有诏令京城及畿甸于路傍垒土为香刹，或高一二丈，迫八九尺，悉以金翠饰之，京城之内约及万数……又坊市豪家相为无遮斋大会，通衢间结彩为楼阁台殿。或水银以为池，金玉以为树，竞聚僧徒，广设佛像，吹螺击钹，灯烛相继。又令小儿玉带金额白脚，呵唱于其间，恣为嬉戏。又结锦绣为小车舆，以载歌舞。如是充于辇毂之下，而延寿里推为繁华之最……

但是，此次迎奉尚未完成礼佛仪式，懿宗就一病不起，一命呜呼了。

继任者唐僖宗李儇时年仅13岁，秉承父志，于同年十二月诏送佛指舍利归还于法门寺。这次送还佛骨，在场面上与迎请佛骨是无法相比的，"其道从威仪，十无其一，具体而已"。"京城耆耄士女，争为送别，执手相谓曰：'六十年一度迎真身，不知再见复在何时！'即俯首于前，呜咽流涕。"此时大唐王朝已是风雨飘摇，尽管如此，僖宗还是尽其能力将佛骨送还法门寺。懿、僖两宗皇帝、皇后、夫人、王公等人所赐金银器、琉璃器、丝织物、法器、宝函，均随佛指送入真身宝塔地宫，然后封闭了地宫。这次送入地宫的大量珍奇法物，按唐代佛教密宗和皇帝国师智慧轮法系布坛，构成了供养佛指舍利唐密曼荼罗，使唐密文化得以完整保存。

特别重要的是，经"会昌法难"式微的佛教密宗在这次安奉舍利的国事活动中参与指导，三朝国师、大兴善寺三藏阿阇黎智慧轮制作了极为珍贵的密教器物，青龙寺的日本、新罗高僧海云、义真等参加了法门寺佛指舍利供养的法事活动。在这些高僧的参与指导下，大唐王朝以数千件供佛国宝结坛于塔下地宫，成为宇宙法界的缩影。公元874年正月，唐僖宗诏命法门寺地宫封门，佛指舍利和供佛世界从此隐没于地下。随着时间的流逝和封建王朝政治中心的东移，深藏于地下的佛指舍利千余年来不为人知。

秦王弘昌法门寺

在李唐王朝咸通迎奉之后，秦王李茂贞以大唐为旗，占据凤翔，与后梁对峙，在近20年中，几度整修法门寺，时间之长，面积之广，工程量之大是惊人的。

李茂贞，深州博野（今河北蠡县）人，本姓宋，名文通，原为李克用部将，镇压黄巢起义后附唐，又因护驾有功，被唐僖宗李儇赐姓名李茂贞，以功拜检校司空、同平章事，兼凤翔尹、凤翔陇右节度使。这使他以凤翔为大本营，以宝鸡地区为中心，后又拥有汉中、陇西等地，横行西部37年之久。在唐后的五代十国时期，自称秦王。

天复元年（901年）之后，列强逐鹿中原，争夺天下，李茂贞偏处西北一隅，没有卷入战争的旋涡，因而物资丰厚，民众安居乐业。李茂贞认为是佛祖保佑，遂将在唐末战乱中毁坏甚重的法门寺大加修缮。从天复元年到天复二十年（920年）间，他曾五次施工，不是简单修葺，而是几近改建。据《大唐秦王重修法门寺塔庙记》所载，仅盖造"护蓝墙舍"即400余间。以每边100间，每间4米计，该寺院面积已达16万平方米。他既修复盛唐时的寺宇，更是把重点放在真身塔院内。"奉教精勤，躬亲缮葺，不坠祇园之教，普传贝叶之文。"特别是天复二十年的修复工程，历三年而完成，达到"穷工极丽，尽妙罄能，斧斤不辍于斯须，绳墨无亏于分寸"之佳境，使真身塔院这一小区域，重现了盛唐时的规模和风貌。李茂贞政权中心设在凤翔，离法门寺甚近，并把法门寺作为"国寺"，佛事之盛几近盛唐。

法门寺与敦煌

法门寺在今陕西扶风，是唐长安周边皇家供奉的寺院之一。敦煌在今甘肃省最西端，是唐朝西部边陲不大的一个州，而藏经洞所在的莫高窟，更是偏僻遥远。虽然彼此之间距离遥远，但是它们所聚集的大唐帝国的遗产，却有着千丝万缕的联系。

法门寺地宫早期伊斯兰琉璃来自陆路，必须经过地方武装归义军控制的河西走廊。而敦煌古籍中《大唐崇福寺故僧录灵晏墓志》也记载，"其年法门寺佛中指节骨出见，辅翼迎送，人望所推"。河西归义军控制的地区是唐王朝与西方文化交流的必经之地。事实上，归义军不仅为晚唐、五代、宋初中西陆路交通做出了贡献，而且为会昌毁佛后唐宣宗、懿宗的复兴佛法运动提供了帮助。唐武宗会昌五年（845年）的灭法运动，给包括法门寺在内的长安佛教以巨大的打击。大中元年（847年）三月宣宗即位，包括法门寺在内的长安佛

○ 张议潮（中间穿红袍者）出行图 莫高窟第156窟南壁

教由此复兴。大中二年（848年），张议潮起义，赶走吐蕃统治者，恢复汉人统治，派沙州使者赴长安，其中的僧团领袖悟真，为大中初年长安佛教的领袖人物，参与把河西地区传存的经疏送到京城。这种历史之举，无疑是对唐朝复兴佛法运动的强有力的支持。从悟真入朝开始，敦煌和长安两地教团之间便建立了较高层次的交往，其主要大德而后成为护送法门寺佛指舍利出入长安、洛阳皇宫，复兴长安佛教的主角。

　　自咸通十五年（874年）以后，法门寺佛骨一直沉睡地宫。但是，咸通末年推向高潮的法门寺真身舍利信仰并没有沉寂下去，而是以民间信仰的特色传承下去，"敦煌写本"中《赞法门寺真身五十韵》，是法门寺真身信仰的最直接证据。此诗忠实地记录了唐懿宗咸通十四年（873年）迎谒法门寺佛骨时举国若狂的场面。反映法门寺

真身信仰西渐敦煌的材料不只这首诗，还有《李相公叹真身》。相对于佛牙等佛舍利，佛指真身舍利更难见到，法门寺在京城附近，佛指舍利为唐朝皇室所供奉，尤为有名。从晚唐到宋初，法门寺佛指舍利被称作"真身"，埋藏真身舍利的塔被称为"大圣真身宝塔""真身宝塔""真身塔"。《李相公叹真身》和《赞法门寺真身五十韵》一样，代表了晚唐时期法门寺真身信仰的普及，它们在民间广为流传，甚至远到敦煌。敦煌这两首诗大约在1006年前后封存于莫高窟藏经洞中，但同样内容的抄本也在中原流行。

法门寺和敦煌，距离遥远，但两地都经过唐朝兴盛时期佛教文化的洗礼，法门寺可以说是聚集了长安文物的精华，敦煌则未受到毁佛的劫难，留存了大量唐朝写经及其他文献，在晚唐特定的历史环境下，为佛教的复兴分别做出了贡献。

書　漸　天　有　霜　壞　宗　寺　　　　　謹
談　圓　子　緣　斧　隴　開　名　眞　　　貼
　　我　三　逓　擊　佛　闡　貿　身　　　律
大　釋　級　修　尤　浮　巘　富　寶　　　詩
京　迦　鮮　代　堅　圖　比　布　塔　　　九
兆　風　儻　王　三　倚　乎　金　　　　　韻
二　蓋　能　孫　千　碧　　　田　　德　　奉
年　歷　剏　爭　界　天　　　　　順　師　贊
中　古　朕　供　內　谷　道　字　　　　偉　法
元　頌　罪　養　眞　藁　不　來　　　　　門
日　君　逍　卷　無　山　同　從　　　　稽　寺
門　說　缺　　　等　爐　肩　世　　　　首
人　聖　　　朝　十　煅　炉　梵　　　　
　　賢　或　　　九　鐵　朽　夾　　　　稽
法　　　小　　　名　鎚　骨　傳　　　　首
詣　　　低　　　中　　　埋　互
長　　　頭　　　宰　　　黃　笑
安　　　果　　　　　　　鎚　異
樊
春
刊

4 历经沧桑

宝塔巍峨

　　唐末五代之后，法门寺历经烽火战乱，但唐时宝塔一直耸立未倒。至宋代，法门寺还保持万余僧众和唐瑰琳宫二十四院的规模，法门寺中的北宋太平兴国三年（978年）《法门寺浴室院暴雨冲注唯浴镬器独不漂没灵异记》对此有所反映："缁侣云集，凡圣混同，日浴千数，洎百年以还，迄于今日，檀那相继，未尝废坠。"北宋咸平六年（1003年）法门寺《买田地庄园记》碑载，这个时期法门寺已经形成比较发达的庄园经济。北宋庆历五年（1045年）法门寺《普通塔记》记述了法门寺僧俗、游人众多的情况。有传闻，宋徽宗为法门寺题书"皇帝佛国"的匾额，其时法门寺供养着大唐真身舍利宝塔和朝廷颁发的《大藏经》，仍具皇家佛寺的风范。总的来说，宋代以维修为主，辅之以新建。

　　金元时期，佛教仍有较大的发展，这种发展不是佛教义理上的进一步开发，而是寺院和僧人的不断增加。此时法门寺比较有影响的事件是金烛和尚对佛指舍利的焚身供养。

　　金烛和尚（1149—1208），讳法爽，字明道，是法门寺净土院僧人。净土宗倡导"弥陀净土往生"，又称莲宗，专念"阿弥陀佛"名号，以期往生西方净土（极乐世界）。他先是"身挂千灯，以为供养"，继又"以香花幡盖、灯烛音乐之具，广陈荐献"，后又"以香水洗塔拭尘"。但他下决心焚身供养的原因是塔有异象出现，"一日忽甘露法水从幢而下旁流至地，三日乃歇"。于是忽有所感，"卜地于寺东南四五里，起筑坛场，欲构宝塔一十九座，焚此身以供养之"。遍游天下名刹的法爽选择法门寺作"真法供养"，说明当时法门寺在天下寺院中的崇高地位。

金大安二年（1210年），德顺僧师伟作《谨赋律诗九韵奉赞法门寺真身宝塔》诗，至今珍藏于法门寺内：

> 寺名曾富布金田，塔字来从梵夹传。
>
> 可笑异宗闲斗嘴，比乎吾道不同肩。
>
> 世人朽骨埋黄壤，唯佛浮图倚碧天。
>
> 谷橐山炉煅勿坏，铁锤霜斧击尤坚。
>
> 二个界内真无等，十九名中最有缘。
>
> 百代王孙争供养，六朝天子递修鲜。
>
> 倘能倒膝罪随缺，或小低头果渐圆。
>
> 三级风檐压鲁地，九盘轮相壮秦川。
>
> 经书谈我释迦外，今古烦君说圣贤。

由于佛教衰势难遏，明代的法门寺年久失修，寺域日益缩小。僧少寺荒败，昔日国寺的地位不复存在。比较重要的是在明宪宗成化八年（1472年），在法门寺铸了口大钟。自后，该钟以"法门晓钟"成为扶风八景之一。

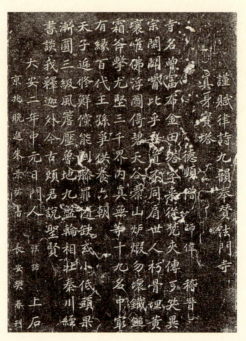

○ 金代师伟和尚《谨赋律诗九韵奉赞法门寺真身宝塔》诗碑

弘治十八年（1505年），僧人满沂、通璟主持重修了法门寺内的大乘殿，立碑记述：

> 法门寺中大乘殿，其制七间，九梁内赴，四廊外回，背高约有三丈，栋宇深沉，大势严整，殆非他处可比。殿前有御香亭，最前有舍利塔，高叠七层，楞隅八方，连洞四出，铃作天乐，闻之者尽皆皈命；檐阿轩翔，见之者莫不景仰。雄峙千古，

镇压关中，诚皇帝佛国之地也。

从此记述仍能窥见当时人们对法门寺塔的景仰。

明正德二年（1507年），法门寺塔再次重修。

明隆庆三年（1569年），关中地区发生大地震，法门寺唐代七级八角真身宝塔崩塌，但当时唐瑰琳宫二十四院尚存，唐地宫未被扰动。一位僧人将铁索穿于肩筋，到处化缘，动员修塔。西蜀大州居士以诗赞其事：

> 法门寺，成住坏，空中忽起痴僧债。
>
> 百尺铁锁（索）挂肩筋，欲与如来增气概。
>
> 增气概，尔毋苦，好待当年许玄度。

时扶风县令陈子需将此诗刻石，镶在寺内大雄宝殿西墙，以激励地方，重修法门寺塔。明万历七年（1579年），扶风县知县为扶风法门寺重修塔题匾，文曰："赐进士出身户部给事中陕西按察使司签事前知扶风县事任丘徐三畏重修。"地方社众在邑人党万良、杨禹臣的主持下，在唐塔基础和唐地宫之上修法门寺塔，至万历十九年（1591年）修成第四层，立碑纪念。真身宝塔基础呈圆形，深2.9米，东西直径约19米，南北直径约20米。塔身八棱形，底边每边长6.3米，周长50.4米，一层平面320平方米，到万历三十七年（1609年）修成高50余米的12层砖塔。一层之上，每层每面各一个佛龛，内供

○ 明代真身宝塔塔刹及錾文

佛像、佛经，共88个。塔身飞檐翘角，斗拱层出，雕刻神奇，艺术精绝，是为中华名塔之一。塔上铜塔刹上刻"明万历三十七年造"。此次修塔从启修到竣工历经30年之久，工程浩大，十分艰苦。塔内砖上题刻着"缺米面""告白十方居士，各舍资财，共成圣事"，等等。一层有"窦子蚌题记"，到四层有"窦子蚌崩"的题刻，说明有人为修塔献出了生命。总之，这是一次朝野响应，僧侣化缘，民间捐募共同完成的盛事。30年间，大唐地宫就在塔下，无丝毫扰动。由于修造上的精工细作，此塔经受住了其后372年的风吹雨打。

进入清代，法门寺逐渐衰落。顺治十年（1653年），邑人党国柱

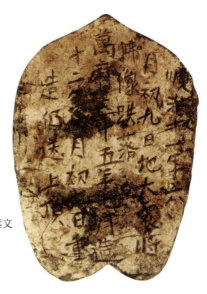

○ 盾形鎏金铜牌及錾文
　牌高 10cm
　上宽 7.2cm
　下宽 5cm

重建钟楼。顺治十一年（1654年）六月初九日，甘肃天水地区发生 8
级大地震，波及扶风，"垣宇倾颓，压毙人畜"，法门寺真身宝塔向
西南倾斜，塔体出现裂缝，塔上铜舍利塔摇落下来。在塔门上方正
中有一个盾形鎏金铜牌，正面正中刻："顺治十一年六月初九日，地
大震，将佛像跌落，万历三十五年七月造，十二年六月初九日重造，
仍送上顶。"乾隆三十四年（1769年）和光绪十年（1884年），扶风
地方官绅先后整修法门寺，修大殿 3 间及左右耳房，东西佛殿各 3
间，铜佛殿 3 间，九子母殿 5 间，浴室 3 间，钟楼 1 座。光绪十二年
（1886年）春，重修佛禅院。光绪十四年（1888年）重修北极宫，寺
貌无根本改变。

　　民国以后，关中灾荒不断，烽烟四起，地方军阀樊钟秀曾盘踞

寺院，僧人流散，寺院荒落。民国十八年（1929年）关中大灾，饿
殍遍野，十室九空。第二年，国民政府华北慈善会会长大居士朱子
桥将军率部来陕西赈灾救民，到法门寺拜佛，看到寺院、宝塔颓废
荒圮，十分感慨。他在修塔启文中写道："现存寺宇破坏几尽，唯塔
南有铜佛殿一座，塔北有上殿三楹，其东西各连小房一楹。东院睡
佛殿一楹，系佛涅槃像，像下部已毁。寺内《大唐圣朝无忧王寺大
圣真身宝塔碑铭并序》，系大历十三年立，已半毁，多不可辨识。唐
大中十载，经幢已坏成三段，分置于荒草之间。""唯一守香火之僧
人，且法器经书亦不得见……"

"七七事变"，日寇大举侵华，华北灾民像潮水般涌向关中。朱
子桥四处奔走，赈灾救民。同时，他深感"救身"之时必须"救
心"，于是发心整修法门寺。朱子桥起草了《重修法门寺真身宝塔义
赈》一文，以华北慈善联合会的名义与扶风地方联合，呼吁上海等
地各界人士慷慨解囊，一共筹募到5万大洋。

1939年春，工程正式动工，这是明代万历年间宝塔建成后的第
一次大规模修缮。除真身宝塔之外，修缮工程还兼及法门寺大殿、
山门、道路等项，历经一年时间终于告竣。先后从塔上清理出68尊
明代铜佛像，又在塔内发现了珊瑚、宝石、琥珀、红玛瑙、铜莲座、
水晶珠、珍珠、铜塔等珍贵器物，同时还发现了大批珍贵藏本的佛
经。面对诸多宝物，朱子桥认为倘移存他处，不免散失或被盗，指
示原塔封存。他说"佛像不可与古董等同估价交易"，并在塔上88个
佛龛中各置佛像一到两尊，避免了散失和被盗。在修塔过程中，他

○ 民国修塔现场

们采用的措施，一是在塔基平台上用下宽上窄的办法，绕塔箍了8层
石条；二是采取"补缺修残"的办法，换掉了塔身剥落的砖块，用
白灰浆灌浇塔身和砖块的裂缝；三是将塔座扩大改作四面，呈正方
形，既起到了加固作用又增加了古塔的风韵。这次整修，使得法门
寺院和真身宝塔焕然一新。但这次重修，因为当时生产能力的限制，
未能从根本上将已倾斜的塔身扶正，因而其坍塌的隐患仍然存在。

从1987年春为法门寺塔基发掘召开的座谈会得知，朱子桥修塔时曾在塔内一层下掘，窥见一井，发现两米以下安奉着金银宝器。朱子桥命令立即坚固封闭，上奉铜佛像，供人们瞻拜，其下情况严加封锁，外界一概不知。这位民国元老，在那风云激荡的年代，在那灾荒弥天的岁月，不为金银财宝所动，一心护持国粹，显示了他那无愧于民族、无愧于历史的高风亮节和金子般的情操。

寂寞与劫难

历经沧桑的法门寺，带着民国时期的旧貌进入了新中国，受到人民政府的保护。1956年8月4日，陕西省人民政府公布，法门寺明代真身宝塔为第一批省级重点文物保护单位。

20世纪50年代的法门寺，大体维持东、中、西三大院的格局。山门在中院正前方，山门内正殿、真身宝塔、铜佛殿在中轴线上，塔两边为钟鼓楼，塔前为古碑，西院有接引殿，东院有九子母殿、禅佛殿、睡佛殿等。

扶风县佛教界从终南山南五台请来良卿法师主持寺务，还有澄观、慧明、常慧三位法师协持。良卿法师民国年间在洛阳白马寺主持寺务，闻名遐迩。寺院香火延续，与民众相处融洽。

1958年之后到"文化大革命"，法门寺内堆积的大量条石、石板、石阶以及历代碑刻都被拉去兴修水利，如记载法门寺历史沿革、佛骨来龙去脉、唐代诸帝迎奉佛骨的《大唐圣朝无忧王寺大圣真身宝塔碑铭并序》，记载唐末五代秦王李茂贞大修法门寺缘起经过的《大唐秦王重修法门寺塔庙记》，记载宋代法门寺庄买卖情况的北宋咸平六年（1003年）的《买田地庄园记》碑等，俱毁于一旦。

进入20世纪60年代，陕西省文管会关心法门寺塔向西南严重倾斜的状况，发现有14层砖已被压入地下，特派人来由西南向东北拍摄了寺院现状的照片，以供保护研究。尽管当地人民群众和省、市、县各级政府对古寺古塔有关心保护的愿望，但由于其时意识形态的强化和受经济条件的限制，仍是缺乏得力的保护措施。不久，"文化大革命"风暴又袭击了法门寺。

1966年7月，扶风县的城镇和乡村已处在躁动之中，法门镇到处"破四旧、立四新"，戴着红袖章的青年人来往街头，扶风县剧团也正在镇上演出《红灯记》《向阳川》等革命现代戏。7月12日午饭刚过，扶风中学几百名学生从县城步行到法门镇"闹革命"。学生的"激情"带动了县剧团七八十名演职人员，一同冲进寺院，从罗汉殿到大雄宝殿见佛像就砸，见经书就收。法门寺一时间尘土漫天，纸张遍地，一片狼藉。到下午三四点钟，寺院的佛像全被砸光了，经书、佛具、供佛用品全被收集起来分别堆在大雄宝殿前的东西平地上，像两座小山。住持良卿法师和贞环法师分别被勒令站在东西两边堆起的书山前。这时，学生们向两位法师宣布：凡是个人生活用品一律归还，凡是敬佛的统统没收。西边的书山前，贞环法师还与学生们争来扯去，要多留一些东西。东边的书山前，良卿法师肃然站立，手持念珠，目光平视，既无愤怒，也不悲伤，肃穆而庄重，

○ 良卿法师像

○ 被焚烧的经卷

平静地听着这帮"造反派"的吆喝:"这些是你的,你拿去!你拿去!"而良卿法师却只是异常平静地说了三个字:"我不要。"

书山被点着了,火苗上下翻滚,吞噬着无比珍贵的宝藏,一时间,法门寺浓烟滚滚。砸完,烧完,人们都走了。

天黑了,夜静了,在灰烬旁,良卿法师悄无声息地架起了一堆干柴,并安详地坐在了干柴堆上……在熊熊的火光中与那些砸毁的佛像、烧掉的佛经一同归于平静之中……这是法门寺历史上继唐代的惠恭法师、金国的法爽法师之后第三位自焚殉教的法师。

从历史中走来的法门寺,此时没有了佛(像)、法(经)、僧(人),只空留了破败的大殿和倾斜的孤塔。不久,身心俱损的贞环法师也因病辞世。一个多月之后,法门镇民兵组织的几个人,依然打着"破四旧"的旗号，从砖塔一层门洞进入，在塔基上向下乱挖，想看看底下究竟有什么东西。由于塔洞内空间狭小，挖出的土不好运送出去，加之挖下去两米多下面依然是土，于是，只得又填埋作罢。从此，法门寺再次沉入平静，死寂般的平静。

20余年后清理宝塔地基时，人们发现当年民兵组织下挖的深坑离唐代地宫顶部不足一米。

1972年，在全国"农业学大寨，工业学大庆"的热潮中，扶风县大办农业，兴修水利，先是扶风县水泥厂筹建处进驻法门寺，但是一个月过后就迁走了。随后，宝鸡市冯家山水利工程"大干快上"，扶风县二兵团又进驻了法门寺，在院子里搭满了油毡工作棚，人来人往，闹闹哄哄，完全改变了佛寺的环境。

1976年8月23日，四川松潘大地震波及扶风，法门寺震感强烈，严重倾斜的真身宝塔出现了险情，塔上裂缝增多、增宽、加长，塔体西南角下一些砖块被压碎。这是宝塔经受的第二次地震摇撼。清顺治十一年（1654年）六月初九日那次地震造成很大的破坏，虽在民国时期经朱子桥组织人力修塔加固，但宝塔的隐患并未真正解除。320余年之后的松潘大地震，更使法门寺宝塔雪上加霜。

宝塔坍塌

1976年"四人帮"倒台，法门寺也从困境中解脱出来，走上了复兴、发展的道路。

1977年10月，陕西省革命委员会文化局局长路鸿奎到扶风县检查工作，他曾是扶风县解放之后的第一任县委书记。到了法门寺，路鸿奎一见寺院内盖满工棚，人员混杂，极为不满，立即指示陪同的扶风县文教局局长高真民：一、外单位立即搬出；二、要重视法门寺塔的保护和管理；三、省里拨款，立即修缮。他回西安当即拨款4500元，责成首先维修罗汉殿。1978年2月，省文化局又拨款7200元，要求扶风县立即维修大雄宝殿。

1978年秋，1953年至1958年在法门寺驻锡的澄观法师回到了法门寺，法门寺恢复了佛教的生气。然而，当时的法门寺如同所有山野小寺一样，庄严而平静，只有在做例行的法会时方才热闹一阵。

鉴于宝塔向西南严重倾斜，1979年，陕西省文物局派省文管会何修龄、赵怡元、刘最长、刘合心等人，多次到法门寺考察，提出了法门寺塔加固纠偏方案，同时邀请国家文物局古建专家罗哲文、祁英涛及山西省古建专家孟繁兴等人来陕，到法门寺实地察看。4月17日至21日，在陕西省的努力下，国家文物局在扶风县召开"陕西省周原建筑遗址保护现场座谈会"，与会代表到法门寺实地考察，对宝塔的保护提出了一些意见，促使陕西省和扶风县尽量采取措施，保证宝塔安全。

1980年6月之后，扶风地区阴雨连绵。为了加固法门寺塔，陕西省文物局于7月间拨专款1万元，要求扶风县全面维修法门寺，重点要加固宝塔，并做好环境绿化工作。12月下旬，中国文物保护技术协作会议在北京召开，扶风县图书博物馆（图博馆）馆长刘连山、陕西省古建专家何修龄在会上介绍了法门寺塔现状并呼吁保护。

1981年1月6日，陕西省文管会根据中国古建协会召开的全国文保会议精神，决定了几项保护法门寺塔的工作措施：一、持续监测法门寺真身宝塔是否继续倾斜，每月测定一次。每年倾斜的速度是多少。二、勘测塔下面有没有软土层，塔下结构情况怎样。三、在宝塔边沿地方灌浆加固。扶风县图博馆会同周原考古队承担了这几项工作任务：其一，普探法门寺塔周围地层，做了详细的绘图和文字记录；其二，采用三七灰土将所有的探眼填充结实，并将所有资料报省文物局和文管会；其三，聘请扶风县水电队工程师王吉珍，每月两次对塔四隅设点观测，做好记录。与此同时，省文物局又先后拨专款，要求扶风县全面整修法门寺，除对殿宇、楼阁、围墙等全面整修，对前后殿加固外，还要求重建十字歇山顶鼓楼。

时间进入秋季，又是一天天的阴雨。8月23日天一亮，县图博馆派驻法门寺的工作人员王志英发现塔体出现异样，原来的裂缝又在加宽加长，几块碎砖掉落塔下。他观察了一天，将情况电话报告县图博馆馆长刘连山。第二天凌晨，刘连山由绛帐坐火车赶去西安，请求省里采取紧急措施，千方百计保住塔体，以便日后求得全国有关方面的支持，进行加固、维修。

淫雨无休无止地冲刷、剥蚀着百孔千疮、风烛残年的宝塔。塔上不时地掉下一片瓦、一块碎砖。

8月24日上午，王志英和澄观法师悬着的心一分紧似一分，一

○ 1955年,陕西省文管
会拍摄的法门寺明
代真身宝塔(由东北
向西南倾斜)

○ 塔体裂缝

○ 坍塌前的
真身宝塔

○ 坍塌后的法门
寺真身宝塔

直紧盯着古塔的细微变化，祈祷着历经数百年风雨的古塔能逃过此劫……两人怔怔地望着古塔，望着久不见晴的天空。10时，天边云色更加凝重，塔顶飞鸟惊叫，振翅而起，绕塔盘旋。两人担心的事情终究还是发生了：凌天而立的宝塔中间的裂缝缓慢张开，塔内尘雾上冲，砖石掉下；稍停，古塔猛然崩裂，塔体西南一半从高空中一下子坍塌了下来！法门寺塔西南半壁不见了！法门镇上的土地刹那间摇动了起来！大雄宝殿西耳房前，澄观法师惊恐、悲伤，瘫软在地。王志英看着眼前的惨烈景象，手足无措，真不知置身何处。由于古塔砖块间是用黄土泥巴黏合的，泥巴饱经风吹日晒，早已成了干巴巴的黄土细尘，所以在塔身坍塌的时候，黄土飞扬，遮天蔽日。塔体佛龛内的经书和佛像一起随塔而下，被压在砖石下，另一些被气流冲上天空，随风飘荡，四散于法门镇大街小巷。法门镇民众听到了轰然巨响，冲上街头，惊慌失措地东张西望，猛地发现真身宝塔竟然只有半边了！王志英更是急忙给县文教局打去电话，报告古塔坍塌的情况。

宝塔的坍塌似乎是停下了，但又好像在动，人们不敢靠近，只能远远观望。果然，下午4时，明显的滑落又开始了，西南一部分塔体又顺势塌下，塔上佛龛中的佛像、佛经及其他文物又一次被埋入废墟之中……

等到宝塔的坍塌情况稍有稳定后，澄观法师领着住寺人员冒着危险捡拾显露于废墟表面的文物，又带领老百姓把散落在法门寺大街小巷的佛经一页页、一本本地收回。这些捡拾回来的文物中有佛像12尊、佛经数十卷、残页一大沓、铜舍利塔一座（内有锦包一个，装有珍珠、玛瑙）、铁铸风铃12个。在佛经中还有记民国时期朱子桥将军修塔的《扶风重修法门寺真身宝塔纪略》，里面详细记述了朱子桥、崔献楼等在民国时修塔的经过和塔上所存文物的种类与数量。

刘连山在去西安的路上，还不知道法门寺塔坍塌情况。清早一进省文物局还未开口，省局同志就十分痛惜地告诉他："老刘，你到之前县里已来电话说法门寺塔西南半部坍塌了！"省文管会领导也闻讯赶来，经过紧急研究做出决定，由省局联系省里和宝鸡市相关部门的领导与专家，由刘连山通知扶风县有关领导，会商应急办法。刘连山就又马不停蹄地赶回法门寺做准备。

8月26日上午，陕西省文物局副局长马克逊，文物处副处长陈孟东和刘合心，省委宣传部文艺处处长贾琪，省文管会领导王翰章，古建专家何修龄和刘最长，宝鸡市文化局局长张伯华、文物科科长尹盛平及白竟先，扶风县文教局副局长李岳军和刘连山，周原文管所所长罗西章等10余人在法门寺开会。经过现场勘察，会上多数意见是先使塔身保持稳定。而宝鸡市和扶风县的意见最为明确：拆了重修。李岳军说："县里领导决定保护好文物，保护好现场，划了禁区，每天派民兵看守。对于塌了的宝塔，县里领导提出恢复。"张伯华说："宝鸡市政府的意见是留下的一半拆掉，按原样重新修起来。"尹盛平说："塔剩下一半，怎么办？当地群众呼声很高，一致要求拆掉重建。"

马克逊在综合了各方意见后说："第一，保护好现场，划定区

○ 孤寂傲立的法门寺半壁残塔

域，一块砖都不能让人拿走，昼夜值班，每班两人；第二，收集资料，写个法门寺今昔现状；第三，清理现场，从废墟中抢救文物；第四，提出修缮计划，虽然现在不能实现，但起码要以扶风县的名义写个对塔的保护意见；第五，没有省文物局介绍信，任何人都不能参观。"这次会议还做出以下决定：一、在法门寺塔周围竖立几个安全警示牌，保护好坍塌现场，以免发生安全事故；二、继续观察法门寺塔未塌部分，待基本稳定后，购买塑料薄膜，将坍塌废墟全部遮盖起来，以免大雨再破坏废墟中的文物；三、待塔体未塌部分稳定以后，组织人力对废墟进行清理；四、认真保护好已收集的所有文物和以后废墟中清理出来的文物。这些看似简单的决定，为法门寺文物的保护以及今后地宫的发掘奠定了良好的基础。会后，省文物局拨给专款5000元，责令县图博馆组织实施会议决定。

1981年9月6日下午3时50分左右，法门寺明代真身宝塔残塔顶盖西边大部分塌了下来，此后，残塔基本稳定，不再坍塌。就这样，仅剩的半壁残塔依然耸立，依然直刺青天，直到1985年……

5千年一启

等待与努力

　　沉默了数百年的法门寺明代真身宝塔，在它坍塌的一瞬间却显示了巨大的震撼力，它呼唤和推动着社会各界和广大人民群众延续历史、修复宝塔，更推动了省、市、县三级政府弥补"历史缺失"的行动。从1981年到1987年，维修法门寺塔形成了不可阻挡的社会潮流。我们在这个历史行动中奔走。

　　真身宝塔坍塌之后，抢救法门寺文物的工作一直没有停顿。陕西省、宝鸡市、扶风县文物部门曾经多次开会研究，并几次拨款维修法门寺的大殿、围墙和抢救塔上文物。但是，限于当时的文化环境和经济条件，重建宝塔的工作未能付诸实施。从1982年到1985年初，在这三年的时间里，扶风县文物部门只能做塔上文物的抢救和整理工作，等待宝塔重建的时机。县博物馆派驻法门寺的王志英与澄观法师等住寺人员带领几个工人清理了塔下坍塌废墟。塔砖无论是否残损，都一一清理，凡可成形再用者，一律存放；对于佛像、佛经、塔铃等文物，小心找寻，一一登记保护；等等。1982年3月，扶风县人民政府决定成立"扶风县法门寺文管所"，除了对寺内加强日常保护、修缮和管理外，还要求工作人员深入附近农村、田间地头，宣传动员，征集法门寺文物。

　　1982年，西北大学历史系与扶风县博物馆组建成立了"法门寺联合调查组"，对保存在扶风县博物馆的法门寺残塔和坍塌废墟中的文物进行了清理鉴定，并对三层以下塔体佛龛内佛像、佛经等文物主动清查撤离。至1985年6月，共清理出铜佛像48尊、石佛像1尊，南宋咸淳五年（1269年）刊刻的存世极少的《毗卢藏》16卷（残），宋代至元代间刊刻的《普宁藏》396卷（残），《秘密经》36卷（残）。这些宋元时期的藏经都是极为珍贵的历史文物，现存世已是十分稀少。特别是在这些藏经中发现有刻经题记，说明《毗卢藏》是由设在福州开元寺的雕经局雕刻的，用途是为皇帝祈寿、为文武官员祈禄位。雕刻时间始于北宋政和三年（1113年），到宋高宗绍兴十八年（1148年），由开元寺住持慧通大师了一完成（一说完成于1151年）。而《普宁藏》的题记则说明此经是专为充实法门寺、兴国寺、洪福寺的藏经而雕刻的，印经时间在元大德元年（1297年），上有施经人名字。在近700年后于法门寺发现此经，意义更是非同一般。不仅为《普宁藏》增加了新版本，也为研究法门寺提供了新资料。此外，还有1939年朱子桥手书石印《金刚般若波罗蜜多经》，宋广静手书《妙法莲华经》，刘盥训手书《金刚般若波罗蜜多经》，李秉铎手书《佛说父母恩重难报经》等。有的佛像内发现明代装藏，以木板封底，内装明刻《金刚经》、铜镜，还有珍珠、玛瑙、松石、豌豆、绿豆、大麦、谷子和棉花籽等。民国装藏的造像内填满松香屑、书写有梵文经咒的黄绸，还有金箔和一枚民国二十年有孙中山头像的银币，以铁板焊缝底部。

1982年至1983年，河北保定的冶金工业部勘探总公司对法门寺

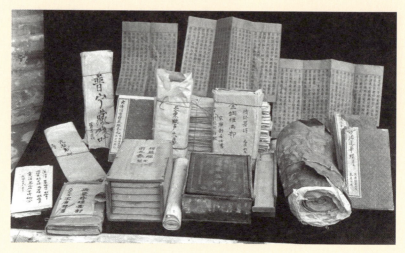

○ 塔上出土的部分佛经

○ 朱子桥手写石印经书

○ 塔上佛像

○ 塔上佛像

○ 塔上佛像身后的銘文

○ 塔上佛像内的佛经装藏

真身宝塔进行测绘，完成了宝塔东立面第一层细部详图、西立面现状图、东立面尺寸图、东立面现状图和宝塔测绘说明书。

1984年9月，国务院古籍整理规划小组"中华大藏经局"委托中国社会科学院南亚研究所研究员童玮、世界宗教研究所研究员李富华到法门寺调查研究，发表了题为《法门寺访经纪略》的专文。

在这三年多的时间里，社会各界都在关注着法门寺的重建工作，世世代代居住在法门镇的居民们，时常仰望着依然孤寂傲立天穹的半壁残塔，不断地念叨着："咋还不见修塔哩？啥时间能修塔呀？"不断地向扶风县、法门镇政府呼吁、请愿，一句话就是："赶快动手修塔吧！"

西耳房的一刻

1984年秋天一个雨后初晴的日子，由于担心法门寺半壁残塔的安危，陕西省副省长、历史学家孙达人带着有关部门的领导来到法门寺实地考察。澄观法师就在他那简陋的佛堂兼卧室的西耳房，进行了对他来说是一生中最为重要、对法门寺来说是最为关键的一次接待。

澄观法师是明塔崩塌的见证者之一，惨烈的景象在他的心中一次次地重现，成了他挥之不去的伤痛。想起法门寺千年的历史，想起历代的祖师，想起舍身护塔的良卿法师，看着法门镇的老老少少，看着周原人民，他心里有说不出的苦。每天望着那半壁残塔，澄观法师盼望着，盼望着……他知道修塔不是一个人能办到的事情，现在需要人民和政府的支持。所以这几年，这位法师一见到省、市及外地领导，都要讲维修法门寺的事，都要恳求赶快修好真身宝塔。一次，省委副书记牟玲生被他感动，回西安与主管副省长孙达人一起找省长李庆伟，李庆伟省长在仔细了解了情况后就批了8万元的维修费用。这次，澄观法师面对的是副省长、历史学家孙达人。

就在西耳房，宝鸡市和扶风县的领导以及澄观法师向副省长汇报维修法门寺的事情。澄观法师让人抬出了一只大木箱子。箱子很不起眼，但是当打开箱子的时候，所有在场的人立刻感到了巨大的震撼。这箱子里装的全是宝塔倒毁时飘散出来的佛经，是澄观法师和法门镇的百姓们一件件汇聚起来的。孙达人仔细一看，全是有题记的宋元版佛经，文化价值非常高。于是，孙达人紧紧握住了澄观法师的双手……他立即决定，派专人把这些宋元版佛经送到省图书馆，进行修复保护。

法门寺塔的问题被孙达人带回到省政府常务会议上。12月27日，扶风县接到了省政府决定：一、撤销法门寺文管所，管理权责交回法门寺，法门寺由佛教协会管理；二、组织力量，拆除法门寺塔危险部分，保留稳定部分。

第一次拆塔

1985年春，残塔的拆除工作正式启动。为了贯彻省政府的决定，省文化局多次来法门寺调研，现场查看。十二层残塔，危险部分为上四层，稳定部分是下八层。扶风县要求重建新塔，"拆八留四"，坚决反对留下八层，修水泥柱用钢筋箍起的方案。省里最后同意了县里的意见。

当年5月，扶风县成立了拆除法门寺塔领导小组，由我担任成员兼办公室主任。我是法门镇人，生于斯，长于斯，又工作于斯，法门寺、法门塔是我一生的情结。现在面对修复法门寺塔的历史任务，我感到激奋。那时，我担任县委宣传部副部长，又兼县文化局局长，当时正患急性黄疸型肝炎，确实令人犯难。但我只能进，不能退，当即就去了法门寺，挂起了"拆除法门寺塔办公室"的牌子。但当天晚上，这个牌子就被人抱走了。第二天一早，法门镇成群的老人到办公室来围住我责问："韩金科，你们拆了塔修不修？不修就不要拆，国民党都修塔呢！"我很吃惊，也很感动，这就是民意，这就是老百姓的情怀！我当即请示县里领导，将牌子改为"修复加固法门寺塔办公室"。之后，每天总有不少人到法门寺来探询，想要知道政府对法门寺塔如何作为。

6月初开始现场工作，副县长杨升厚具体分管。由于人手不够，我从县文化局抽调了工作人员参加修复加固法门寺塔办公室的工作，担负记录、保护、联络等任务。我们在寺院后边搭起简易灶房，遵守寺规，不染腥荤，大热天吃一锅煮面条，浑身都是汗水。同时，在铜佛殿的西南方搭起简易工棚办公，随后长安古建队进了工地，他们贴着塔的东北方向搭上井架，我们一班人驻守塔下，日夜轮流值班。天气炎热，晚上值班人员就躺在塔下的石碑上。

井架搭到塔顶，再架一道通道到塔顶盖，我们文化局和公安局的几个人对残塔四层以上包括佛龛中的文物进行全面清理。卷扬机载着我们几人跌跌撞撞上了塔顶。我坐在50多米高的塔盖上，向下望去，心都揪紧了。周围无遮无拦，人和残塔在一起摇晃，不免有些惊恐。再看看架工们悠然无事，轻松地走来走去，才渐渐安下心来。县人大常委会祁世昌、王俊哲两位副主任，县政协李居中副主席与澄观、净一法师等人在塔底下呼应。我们几人分清理、复查、

○ 在塔顶上清理文物的一班人

○ 搭好的井架

保卫三个组，全面清理佛龛里的佛像、佛经。清理出的文物由我护送着运到塔下的联合登记处，再由寺院和扶风县博物馆代表双方清查、登记、建账，互相监督。这样上上下下，来来回回，我也习惯了，胆子也大了。

6月30日晚上，我陪杨升厚来到法门寺，举行拆塔仪式。寺前已是人山人海，法门镇镇长唐乐平主持，杨升厚讲道："残塔拆除之后，新的法门寺塔就要屹立在我们面前！"顿时，老百姓欢呼雀跃，澄观法师让架工从法门寺残塔上八檐挂下了长长的鞭炮。一时间夜空里八条火龙飞腾，响彻云霄。

我们严格规定了拆塔保护文物的施工规范，人们老远看见塔砖一块一块被拆除运到卷扬机上，再缓缓运下。但是，有一天上午，在地里干活的老人们赶到塔前要求停工，双方争吵起来，我被召到现场。原来是老人们看到从塔顶往下抛好砖，结果一查，抛下的全是明代未烧制的生坯子，因为制作精良，十分坚固，从塔顶上扔下来，还是完整的砖。老百姓看到十分恼火，才让他们停工的。明白了情况，又看到古建队对有雕刻、题记的砖石分类堆放，编号登记，大家才满意地离开。

第二次拆塔

拆塔是"拆八留四"，即拆除上八层残塔，保留下四层。但在上

○ 第二次拆塔时与澄观法师的合影

八层残塔拆除完工后，长安古建队并未拆掉架管，这是和县里达成的默契，为的就是便于第二次拆塔。拆剩的四层残塔半躺在那里，谁看了都觉着碍眼。这也是万般无奈，摆下这个阵势，好迫使省里有关部门表态。清扫第四层塔面时，澄观法师坐卷扬机上去转了一圈，然后在中间站了好大一会，有人拍照，说：这是佛门的决心。

扶风县要求重建宝塔的热情一浪高过一浪，县委书记张建中、县长周东晗、副县长杨升厚多次去省里汇报。其间，有人传来消息说，孙副省长讲重修宝塔需要资金超过80万元，五年以后省里才能投资修建。我们想，五年后孙副省长调走就麻烦了。于是我们不断地跑省文物局，跑省文管会，做修塔的方案、申报等。我本人三个月间坐班车到西安联系26次，早出晚归，两头不见太阳。我们怕修塔费用提得高了，省里有困难不批准，只说修塔费用60万就够了。孙达人就此在省政府召集省、市、县有关方面负责人会议，决定近期重修法门寺塔，立即报国家文化部审批，我们心里的一块石头方才落了地。

按照修复要求，省文物局侯卫东等已按冶金工业部勘探总公司1983年的测绘图设计好复原的法门寺塔图。

1986年5月16日，省文物局第34号文件批复：宝鸡市、扶风县、省文物局和宗教界各筹20万元修复法门寺塔；并传达孙达人的指示，要求重视排水问题，按照塔的原貌，尽量利用塔上旧砖，节约开支。6月6日，扶风县政府调整修复法门寺塔领导小组：组长杨升厚（扶风县副县长），副组长白冠勇（宝鸡市文化广播电视局副局长），成员韩金科（县文化局局长）、张绪成（县民政局局长）、唐乐平（法门镇镇长）、澄观（县佛教协会会长、法门寺住持）；办公室主任韩金科（兼），副主任常鸿玉。办公室的成员有扶风县博物馆馆长淮建邦、专业干部付升岐，同时还有县城建局副局长赵克勤和测绘专业人员伏海贤等。7月初，宝鸡市市长李均查看法门寺西边的官务水库险情时来到法门寺，县长周东晗等人汇报四家筹款问题，李均说："塔倒是历史的缺失，修塔是历史责任。宝鸡市首先承担20万元，明天你们带上图纸到我办公室来。"第二天，李均看了我和周东晗送去的图纸，不到20分钟，20万元就批了。扶风县和省文物局的拨款也很快到位，法门寺塔修复工程终于正式开始。

当务之急是拆除四层残塔。由于长安古建队搭建的修塔架还在

○ 拆到第二层 　　　　○ 拆除第一层外围 　　　　○ 拆除基座

原地，我与淮建邦去长安联系古建队。途中班车在暴雨中行进险些翻车，误了三趟火车，到西安后赶往长安古建队所在的仁义村时，已是夜深人静，在泥泞的街道上，周围一片漆黑，找不到联系人，倒引来犬吠。淮建邦走不动了，又饥又渴又困乏，蹲在一旁委屈地说："韩局长，咱们这是为啥呀！"我能理解他，但又劝不了多少，扶起他就走。好在长安古建队终于找到了。第二天，我与淮建邦赶回法门寺，组建新的办公后勤机构，搭建灶房，请来原驻寺管理拆塔的韩林彬、赵兴中，着手拆塔准备工作。不料这个时候，法门镇政府带着他们的建筑队坚持要由法门镇人拆建法门寺塔，不给钱都干。结果，法门镇建筑队以8600元施工费承担拆除四层残塔的工程，从11月18日开始，一个月完工。

○ 第一层门洞

　　上三层残塔的拆除还算顺利，到第一层时麻烦就多了起来。这一层比较坚固、复杂、难拆，文字匾额和砖雕很多，为此，我们召开会议落实三项任务：一是保护好所有斗拱、古砖、浮雕；二是做好修塔地基钻探准备工作；三是轮流值班。对于碎石板也要求完整保存。一层塔体特别高大，砖石层黏合严密，12天只拆掉10层砖石，但施工队干劲不减。第一层是宝塔村自己请求拆除，党支部副书记党林生领着年轻小伙子在寒冷的冬天里光着膀子打钎撬石，工地上热火朝天。快到年底，拆塔工程结束，塔基夷为平地。此时已是大雪纷飞，我们注意到塔基中央地面直径10多米的一个圆圈内落雪即消，呈现异常，认为这是敏感区，立即在一旁搭起毡棚，24小时轮流值班看护，盯着眼前，但心里想的还是赶快修塔。澄观、净一法师在塔基的南方安奉香炉，僧人们早晚烧香。一切都围绕一个中心：尽快修复宝塔！

两次拆除残塔，清理出许多珍贵的文物，其中包括塔上佛龛中所置唐、明、清、民国时期的泥质、铜质、石质佛像106尊。这些佛像多数为明代万历年间建塔时所造，庄严慈祥，形态各异，是我国佛教造像中的珍品。

佛、法、僧称为"三宝"，三宝具足才得以成佛教。法乃佛陀所说，弟子所集，记述并传承。法门寺明代残塔中不但发现很多佛教造像，而且有大量珍贵的佛教藏经保存。这是新中国版本考古历史上极有价值的重要发现。尤其是《毗卢藏》4卷（残卷）12页，元版《普宁藏》183卷（其中4卷全帙），在经卷末还发现有刻经题记4种，清代手抄本《妙法莲华经》7卷，民国手抄、石印经390卷。而清代的《妙法莲华经》，"佛"和"菩萨"等重要字句，均用金粉书写，从卷首题词来看，可能为御赐给法门寺的宫廷之物。

两次拆塔清理出许多碑刻题记，多为记录万历年间地方群众及佛教徒施舍修塔情况，印证了真身宝塔修建工程浩大、旷日持久、十分艰辛的史实。

此外，塔体四层佛龛中还清理出一尊铜舍利塔，为明万历三十五年（1607年）造，塔内藏有七色舍利子。

参加以上两次拆塔与文物整理的人员有：西北大学柏明、杨绳信、段浩然、戴南海，古籍整理专业研究生何远景、吴敏霞、李颖科、田旭东，扶风县博物馆刘连山、淮建邦、侯若水、王志英、王仓西、白金锁等及周原考古队李永忠。法门寺僧人澄观参与佛经整理，长安古建艺术公司曾予以协助与支持。

石破天惊

1987年春节刚过，我们就在工地上忙乎起来，中心任务是为修塔做准备，完成塔基发掘清理。为此，我前后七次召开了法门寺历史资料座谈会。在座谈会上，有文化的老人们说的都是嘉庆年间《扶风县志》上那句话：法门寺"塔下有井，修制精工，金碧辉煌，水银为池，泛金船其上，内匣储佛骨，旁金袈裟尚存"。由于当时电影《东陵大盗》正在法门寺地区放映，而民国初年地方军阀樊钟秀曾驻寺一段时间，在人们的潜意识中，总认为要是有什么东西的话也早让军阀樊钟秀盗窃一空了，为此一心想着的是清理完塔基赶快修塔。其中有一位老人的发言让人震惊，他就是王保华，寺东边大北巷的村主任，60多岁。他说：

> 民国二十八年朱子桥修塔，我一家是从河南逃过来的难民，住在寺内废弃的砖瓦窑洞里。我是十一二岁的孩子，在寺里跑来跑去，与管理人员熟了。塔修好后朱（子桥）将军让一帮人在塔心往下挖，挖到两米多深后挖到石板上，这时我从负责保卫的大人们两腿中间溜了下去。我见到石板上有个眼，朱将军

让人用竹竿夹着纸，蘸上庙里的清油，点燃后从眼里伸了下去，我爬到跟前看到两米以下有许许多多器物，我能看清的是一只铜鼓和一根棍。

我听了老人的发言，虽然心中一动，但由于一心只在修塔，对此并没有深思，也没有穷追不舍。在我思想的深处，根本就没有想到"挖宝"。老人的话被两个月后的地宫面世所证实，他讲的全是真的！他说的那只"铜鼓"，就是浙西道呈献给唐懿宗，懿宗又供奉佛祖舍利的鎏金鸳鸯团花纹双耳大银盆；他看见的那根"棍"，就是大唐佛教总持法门寺地宫曼荼罗坛的鎏金迎真身银金花双轮十二环锡杖。

这个历史现象的关键是：为什么当年朱子桥和在场的人都已窥见真实情况而对外宁不讲？而工保华虽没有多少文化，也是紧守这个秘密48年，一直到法门寺塔将要修复，塔基将要发掘时才在这个特殊的场合讲述了当年的秘密？我们感到这正是我们中华民族五千年凝聚为一的精神所在，正是炎黄子孙的操守、魂魄所在，正是这种精神与操守，使法门寺塔地宫文物能保存至今！

过了元宵节，我们向宝鸡市和省里打了塔基清理报告，申请拨款2600元。宝鸡市让我到省里要，到了省里没有结果，天黑时我摸进了陕西省考古研究所所长石兴邦先生的办公室。石先生讲："你们先自己按修塔进度进行清理，随后我给你们申请一点经费，再给你们派王占魁、曹玮两个研究生来协助，他们就在周原文管所。"

1987年元月，扶风县又充实了修塔领导小组，加强了修塔的日常工作。2月28日，发掘正式开始，扶风县博物馆负责现场专业指导。我们挑选宝塔村27名精干青年承担施工，拉来7辆架子车，并对工人进行工前培训；召来考古技工徐克成、吕增福、胡武智现场分工负责。一切齐备，馆长淮建邦、专业人员付升岐将塔基按20米×20米的布局，十字画线，分成东、西、南、北四个10米×10米的方区，然后对角开掘。先进行东北和西南的发掘。为了安全，我们组织力量，连夜在发掘场地四周3米以外用塔上旧砖砌起了2米高的围墙，在西南角用木板钉了临时的简易门，将发掘现场与外界隔离，塔基发掘工作正式开始。

3月初，在发掘至距地表0.8米深的时候，工作人员于东北方的西南角发现土坑，坑呈扇形；至距地表1.6米深的时候，工作人员断定这是一个后人发掘时留下的深坑。经过商议，待打隔梁后再统一清理。这几天，每天向下发掘10厘米至20厘米。3月15日，经工作人员商量后决定，缩小开挖面积，集中力量挖掘塔基中心。于是，沿原大方区的四周将10米×10米的方区改为5米×5米的小方区。随即，我们就发现了夯筑痕迹，夯窝深15厘米，每排夯窝均东北高、西南低，与明代真身宝塔倒塌的方向一致。这个现象，正好说明是由于明代地基变化最终导致了宝塔的坍塌。3月20日，我们研究决定，再开西北和东南的对角发掘。3月21日，东北方的探方已完成任务，发掘到原始土层。3月下旬，塔基下部分开始出现唐代遗址的迹象，不几天，中间部位一个大基槽清理出来，大家分析可能是唐

○ 唐塔塔基（东南—西北）

塔的地下建筑。

　　根据考古发掘经验，一般地下空的地方温度和周围的不一样。在塔基这个范围内，下雪即化正好证明了这一点。为了观察地层关系，在基槽的地方留下一米见方的土柱子，清理下去，这个土柱子就成了一个地表高度的标志。3月31日，地基越挖越深，扰土层清理还在继续。但从坑下周围的地层看，快到生土（原始土）层了。大家松了一口气，等中间部分出现生土，清理工作就基本完成了。但是，就在这个基槽的底部，开挖的民工们发现了一块铺砌的长方形石条，极为明显的是，这长方形石条打破了明代南北向长方形基槽，该基槽内填土中杂有石灰，与明代基槽黄色土有较大的区别。

17时左右，在基槽中央部位，又意外地发现了一个直径约为80厘米的圆柱形井筒。井筒被土方填实，土质中似乎掺杂着垃圾一样的废弃物，一时无法辨认这些杂物到底是什么。后来，我们对此圆柱形井筒进行研究，认为是民国朱子桥修塔或"文革"时造反派所挖。这时，勘探的技术作业员徐克成手中的洛阳铲一截截地深入地下，到60厘米深时，"嘭"一声闷响，洛阳铲似乎是打到石板上了。徐克成慢慢地提起洛阳铲，只见直筒状的铲刃上沾满了白色的石粉。"啊，真的打到石板上了！"他赶紧收起洛阳铲，没有作声。直到18时快收工时，他才小声地把这件事告诉我。

我心里一惊："难道这底下是空的？怪不得上边的雪即下即化。"我让徐克成在周围几个人不注意时又试了一下，果然，60厘米土层以下又是"嘭"的一声响。我叮咛徐克成严格保密，又特别安排晚上现场值班人员双岗坚守，任何人不得下到作业面。

4月1日上午，我分别向县长周东晗和分管修塔的副县长李宏桢详细汇报了前段工作和昨天下午的发现。4月2日，我一天都在工地，寸步不离。下午收工时，在塔基西南方和塔基向南中心的会合处，一个民工一镢头下去，从地下冒出一股特别的香气，沁人肺腑，持续十多分钟后就完全消散了，地上也看不出什么异样，我的心又悬了起来。我们决定利用4月3日农历三月初六法门镇古会的机会，清空工地，进行探查。

4月3日，法门寺外古会上人流如潮，而寺院内大门上锁，工地上异常安静。上午，我与县文化局巡视员郭建秦陪李宏桢赶到工地。

10时左右，通知法门镇派出所所长白安理和淮建邦、常鸿玉、付升岐、曹玮、徐克成、吕增福、李存良（修塔办工作人员）到场。我们将李宏桢扶到塔基中心的土柱子之上，我说："大老爷坐定，我们开始了！"大家都笑了起来。徐克成用双手刨开60厘米扰土，底下露出一块大石板，上覆80厘米见方的大理石石盖，石盖的西北角被砸开三块碎石，碎石拨到一边，露出一条宽不到3厘米、长不到10厘米的缝子。这时，李宏桢在土柱子上，大家都推我先看，我推曹玮先看，曹玮俯下身子趴在石缝边上，侧着头，眯起一只眼，向下观察。忽然，他"啊呀"一声大叫起来："韩局长，快，底下全是金子！"我那时一门心思修塔，对塔下有无藏物本来就没有存多大希望，这时听到曹玮一喊，以为是他在逗大家，便笑着说："去，哪来的金子？"曹玮急得连连招手，只是叫着："你快、快！"我趴下去从石缝里往下看，天哪！下面真是金子！只见1米多以下各类金银宝器重重叠叠，严严实实，靠满四壁，向下深不可测。这时正是中午11时左右，一束阳光从石缝中穿下，照射在器物上，地下的水汽与之相遇，光色、宝器、水汽交相辉映，金碧辉煌。朦胧中，我看到一条金棍、几个金盆，还有金箱子、金碗，等等。我赶紧爬到一边，大家依次看过。这时我还没有清醒过来，在巨大的震撼中，我先是意外地惊喜，随后是一种莫名的惶恐和不安，随即产生强烈的负罪感：天哪，我们是为了修塔，怎么发现了这么巨大的宝藏，我们能对得住吗？……

等定下神来，我们随即安排原土封上，现场确定了七条意见：

第一是保密，第二是保卫，第三是报告……

至此，小范围发掘清理工作已告结束，明代塔基基本情况已完全暴露。这次共开探方18个，探沟8条，总发掘面积约1300平方米。

明代塔基略呈圆形，东西最大径约19米，南北最大径约20米，总面积约300平方米。其位置在现存唐代塔基石条边围之内的中心区域。圆形塔基四周距石条边围最小距离为东3米、西3.2米、南3.1米、北2.9米。明塔塔基基槽剖面呈篆体的"介"字形，塔基夯土厚度不一。从外轮廓向内约1.4米的环带部分，深度在2.75米至2.9米范围内。现存中心方座的上部约106平方米之范围内，亦即塔心部分，其夯土的深度最浅，在1.1米至2.1米，且中间薄而四边厚。中心方座以外，靠近环带之内侧最深，为3.9米至4米。造成这种情况原因有二：一是明代挖塔基基槽时，在中间部位有意保留了前期的塔基及地宫，所以中心部位处理较浅，以防止损坏地宫；二是明塔的重心所在区域正处于环带部位以内，是主要承受压力的部位，故这部分塔基处理较深。

明塔塔基全部用夯土筑成。夯土中夹有比例较大的砖块和瓦渣，还有少量的白灰粉渣。夯土略呈青灰色。其夯法是"大圆夯"，夯窝直径约0.15米，每平方米有夯窝64个左右。夯层厚度0.08米至0.10米，最深处自顶到底共有45层。塔基夯土坚实，密度较大，水分含量较小，夯土显得较为干燥。

通过对明塔塔基的有关情况分析，可知明代建造塔基的大致过程。首先，在选定的范围内，沿周边下挖一圆形基槽，即现存的明

○ 法门寺塔基地宫遗址全景

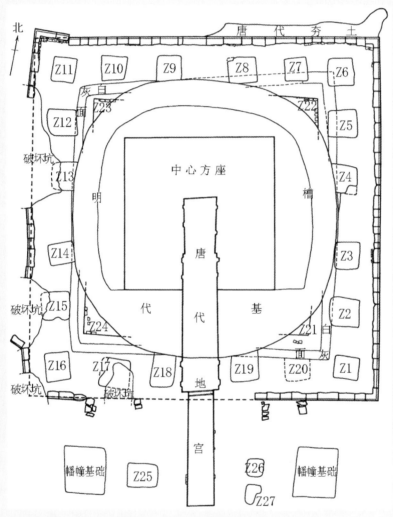

北

唐 代 夯 土

Z11　Z10　Z9　Z8　Z7　Z6

灰白面　Z23

Z12

破坏坑

Z13

明

中心方座

槽

Z22

Z5

Z4

Z14

唐代基

Z3

破坏坑　Z15

代

Z2

Z24

Z21

白面灰

Z16　Z17　Z18　Z19　Z20　Z1

破坏坑　破坏坑

地宫

幡幢基础　Z25　Z26　幡幢基础

Z27

○ 塔基遗址平面图

塔基槽，塔基平面约320平方米。在向下挖基槽的过程中，遇到了明以前的塔基，一方面对前代塔基造成一定程度的破坏，另一方面又对前代塔基采取相应的保护措施，如留下了前代塔基的中心方座，在南部挖到唐代地宫顶上石板时，再未向下破坏地宫等。基槽挖成之后，再向内填土，随即夯打。填土夯打过程中，将前代塔基的残存部分即中心方座包括其中。

上述塔基夯土中的出土物有明代砖块，塔基的位置与八棱十二层砖塔平面形状吻合，较深的塔基亦能承载明代砖塔的压力，故认定其必为明代塔基。

地下玄宫

第二天，省考古所科研室主任韩伟来到法门寺，王保平、赵赋康也从凤翔雍城赶来法门寺。我们制定了以淮建邦、付升岐、曹玮为主，韩伟做指导的工作方案。大家群情激奋，准备大干一场。

4月5日，工地上一班人清理塔基斜坡，在塔基之上搭建帆布帐篷。韩伟指挥王保平、徐克成、吕增福等人，从塔基中心向南至罗汉殿之间展开钻探，力图寻找进入塔基中心那个"井"的入口处。钻探到塔基南至罗汉殿的路面上，先揭开原来铺的地砖，以每平方米五孔的梅花点密集钻探。

深夜零点，工地上依然灯火通明。突然，洛阳铲在离罗汉殿8.4米的地下0.3米处打出了一个小洞，"有情况，大家快来看！"有人大声叫喊起来。在场的人一下子拥了上去，有人忙用镢头在小洞四周挖了起来，不一会儿，一个通往地下的台阶露了出来。这真是天大的喜讯！

到4月7日，在继续清理的台阶上出现了铺地的"开元通宝"铜钱。中午，省文物局陈孟东副处长与王翰章、洛仲儒到工地。下午省考古研究所所长石兴邦等7人来工地察看。直到4月8日，台阶清理完毕，这才清晰地显示出这条呈45°斜坡的踏步漫道。

踏步漫道内的填土有两层，上层为黄褐色五花土，厚为1.2米至

○ 地宫踏步漫道
上的铺地铜钱

1.8米，土质结构松散，内含少量木炭渣和红烧土渣。渣中有陶器残片、砖块及琉璃瓦片等，还有"开元通宝"铜钱，偶见汉代瓦当残片。钱币有的腐蚀得很厉害，看上去形色尚好，但一碰即碎成粉末，清理起来不得不慎之又慎。下层土呈暗黄色，厚约2米，土质坚硬密实，为夯土，夯层厚7厘米至8厘米，内含有白灰粉渣及少量的木炭渣，加琉璃瓦残片、瓷灯盏及珠钉等遗物。从第十四级台阶开始，撒在地面的唐代铜钱不断增多，是绿锈铜斑的唐开元、乾元、五铢等各色铜钱。

踏步漫道总长5.8米，宽2米，全用唐砖砌成，由南向北深入地下，高差3.63米。每级台阶高为16.5厘米至19厘米，宽约27厘米至33厘米，用6块长27厘米的方砖砌成，每个台阶长度在1.7米左右，只有第一个台阶用5块方砖和2块宽16厘米至17厘米、长32厘米至33厘米的条砖组合砌铺。漫道的两壁基本垂直，砖壁外均抹厚度为2.5厘米的草泥。草泥上再用白灰粉刷过。粉刷的白灰已大部分脱落。

走下踏步漫道是略呈方形的平台。东西长1.95米，南北宽1.75米，由5排方砖铺成，砖长37厘米，每排6块，表面平整。平台上同样撒满了绿锈铜斑的各色铜钱。接平台的北头，有一堆重叠有序的石块，石块之后显出了高浮雕门楣。大家知道这些石块就是封门石了！石门门楣上有栩栩如生的一对浮雕朱雀。可以肯定，这朱雀门就是进入法门寺塔下世界的大门了。以此看来，这平台就是踏步漫道与宫门之间的小型间歇空间了。

这一系列重大发现让大家兴奋不已。这一天，省、市、县有关领导和技术人员召开了联席会议，探讨发掘方案，落实具体工作分工，组成了工作指导小组。会议听取了我关于整体工作、曹玮关于发掘清理方案、付升岐关于几个技术问题的汇报后进行讨论。石兴邦最后小结：第一，整个发掘过程应全部录像，关键是防止泄密，应和西北大学订个合同，版权在文物部门，原版在扶风县，复制两套，一套给省考古所，一套留西北大学。第二，宣传工作由韩伟负责，由韩伟主持，所有报道必须现场签字。第三，工地的记录、照相、绘图等所有资料统一保管。第四，成立指导小组。石兴邦总负责，韩伟、任周方具体负责工地发掘，李宏桢为总指挥。第五，报批发掘执照。石兴邦牵头总负责，韩伟、任周方、淮建邦、曹玮、付升岐参加。

当晚我召集全体人员开会，落实联席会议精神：决定全部工作分组负责。第一，清理组，由韩伟总负责。曹玮、付升岐负责制定方案。韩伟、任周方、淮建邦、曹玮、付升岐、白安理（法门镇派出所所长）和我7人下地宫。录像组、绘图组原地待命。第二，保卫

○ 从地宫踏步漫道下去是
第一道门前的封门石

组，县公安局一名负责同志负责现场保卫。明天6时起清查人员，造册登记。每天实行戒严制度，门外除站岗外设流动哨，同时抽调西坡队青年骨干4人，观察周围情况。门内设小门、办公室门和地宫踏步口三道卡，配备相应力量，严格进出制度，保证工作、生活有序进行。第三，文物组由县文化局组织力量，承担文物出土、装箱押运、入库（扶风县博物馆）的安全保卫和监督等项任务。具体要求现场盯对、装箱、加锁（每箱两锁，县博物馆与县公安局各确定一人专门管理）、封口（县公安局局长徐士先和我现场负责）、装车、押运、入库签字等一一落实到人，环环紧扣，杜绝一切漏洞和死角。第四，加强灶务，保证生活供应。第五，组织精干民工，在三卡外随时待命。第六，对外联络组，谢绝一切参观、访问，目前暂不报道，新闻媒体一律不予接待。同时决定，清理组在塔基坑下二台待命，上下两班；指导组在一台之上工作，清理组、保卫组入地宫工作的所有人员必须穿特制的工作服、鞋、帽等。对于工作纪律及其他工作重新做了严格而具体的安排。

与此同时，省文物局甄广全、刘合心、侯卫东等，西北大学电教室录像组魏全有等2人都赶到工地。石兴邦安排省文物局刘合心全程拍摄，并一再叮咛要多拍人与器物共同活动的场面。西北大学录像组全程录像。这是一个立体式的工作布局，一场重大的考古发掘即将开始，其后21个日日夜夜基本上是按这个部署进行的。

推开朱雀门

4月9日8时，工地上导链声响起。在韩伟的指挥下，党林生吊起最后两块大封门石，一个铁锁紧锁的石门露了出来。石门为双扇，中间有2厘米左右的缝隙，正面无纹，不光洁，凿痕犹在。锁的位置有3厘米的圆孔，有两个铁环镶嵌在其中，双环上套有铁锁。门扇宽约0.38米，高为0.82米，厚为0.1米。其"枢"径为0.1米，高0.3米至0.4米，放入门楣与门槛的"门臼窝"内，可以转动。上面有顶门石，由于塔基的压力，中部断裂错位。顶门石上的高浮雕朱雀门楣是大理石质，底宽1.14米，高为0.44米。朱雀张翅扬尾，口衔宝珠，双足呈舞，生动鲜明。石门下压有若干铜钱，下面是门槛石。门槛石呈条形，其上线刻云纹，每朵云上有一尊佛，十分别致。这时，西边门楣上一组怪异的文字引起了我们的注意。大家围了上去辨认：这组文字既不是汉字，也不是我国少数民族的文字，更不是拉丁文或英文。究竟是什么文字，是什么意思？为什么写在这里？在场的人谁也认不出来，也回答不了。

10时整，寺院澄观、净一法师等5人从大雄宝殿启动佛事到石门前，为即将开启的地宫诵经祈祷。10时15分，大门上锈蚀的铁锁被任周方用一根锯条打开，只见里边是一条约5米长的甬道，站在门口，感到一股阴冷的气流不时涌出。在韩伟的指挥下，清理组的人上上下下，在门前观看。录像、照相结束后，我第一个跨进青石门槛进到了石洞里，随后罗西章、韩伟、侯卫东、曹玮跟着进来。石洞为盝顶式结构，南高北低。壁面和地面均用青石板铺成，石板涂成黑色，石板间或以白灰浆合缝，或垫支有铸铁片。地面满是顶上跌落的碎石，碎石间夹杂有"开元通宝"铜钱。此年年秋，在拆除法门寺塔基地宫时，于此发现一唐代慧恭支提塔碑，塔门残破，青石质，长方形，高73厘米、宽55厘米、厚15厘米。铭文记载唐代高僧慧恭主持修葺岐阳法门寺佛塔，当时僧众为纪念慧恭而修支提勒铭以纪之，为进一步研究法门寺历史提供了宝贵资料。

清理组人员全部上到塔基地面开会，鉴于洞内情况异常，为安

○ 地宫第一道门

○ 地宫第一道门上的神秘文字

○ 慧恭支提之塔碑

全起见，决定先不绘图。在搞好文字记录、录像和照相后，将洞内
"开元通宝"铜钱、碎石、残瓷碗、线刻佛像石片等清理出来。清理
组再一次进到里边，发现北端有两通石碑，碑后有一道石门。工作
人员都进洞内观看。这时，站在上边的县佛教协会副会长、秘书长
李子重十分激动，大喊一声："韩金科扶我来！"他德高望重，又是
我的恩师，我赶紧扶他下去进了洞内。

这时，清理组人员粗略地看了两遍石碑，便对现场进行了分析。
甬道（隧道）呈长方形，盝顶洞室，南北长5.1米，宽1.62米，高
1.62米至1.72米。韩伟等根据多年的帝陵发掘经验，认为朱雀门代
表的是汉唐长安城的南门，门内就是塔下地宫，现在这个盝顶石洞

是地宫的甬道，也就是隧道，其后的第二道门后应该就是地宫的主体部分。按照这个分析，清理组修改了前边对发掘部位的称谓，按地宫、甬道的顺序开始编定发掘记录。在场的人都希望，后边的地宫门越多越好，地宫越长越好。

两通石碑外面那块碑长113厘米、宽65厘米，刻字51行，满行41字，共计1700余字。此碑为《监送真身使随真身供养道具及恩赐金银衣物帐碑》，简称《物帐碑》。记载了唐懿宗、僖宗时期供奉佛骨真身的规模，包括法事参与人的姓名、职衔及供奉的时间，详载了供奉的品名、数量、重量及奉献者的姓名，特别对唐懿宗、唐僖宗、惠安皇太后、昭仪夫人、晋国夫人的供养宝器，都做了详细记载。其篇幅之长、品类之细、物主之多，为物账类所仅有。碑文如下：

监送真身使，应从重真寺随真身供养道具，及恩赐金银器物宝函等并新恩赐到金银宝器衣物等如后：重真寺将到物七件：袈裟三领，武后绣裙一腰，甇金银线披袄子一领，水精（晶）椁子一枚，铁盝一枚。真身到内后，相次赐到物一百二十二件：银金花合（盒）二具，共重六十两。锡杖一枚，重六十两。香炉一枚，重卅二两。圆无盖香炉一副并台盖朵带，共重三百八十两。香宝子一枚，共重卅五两。金钵盂一枚，重十四两三钱。金襕袈裟三副，各五事。毳纳佛衣二事。瓷秘色碗七口，内二口银棱。瓷秘色盘子、叠（碟）子，共六枚。新丝一结。百索线一结。红绣案裙一枚。绣帕二条。镜二面。袜十量。紫靸鞋二量。绣幞十条。宝函一副，八重，并红锦袋盛：第一重真金小塔子一枚，并底衬共三段，内有银柱子一枚。第二重瑌玞石函一枚，金筐宝钿真珠装。第三重真金函一枚，金筐宝钿真珠装。第四重真金花函一枚。已上计金册七两二分，银二分半。第五重银金花作函一枚，重册两二分。第六重素银函一枚，重册九两三钱。第七重银金花作函一枚，重六十五两二分。第八重檀香镂金银棱装铰函一枚。银锁子及金涂子七具并钥匙、锯

○ 地宫甬道及
   北端的石碑

115

钺、链子等，共计银一十六两四钱。银金涂花菩萨一躯，重十六两。银金花供养器物共卅件、枚、双、对。内垒子一十枚，波罗子一十枚，叠（碟）子一十枚。香案子一枚，香匙一枚，香炉一副并碗子、钵盂子一枚，羹碗子一枚，匙箸一副，火箸一对，香合（盒）一具，香宝子二枚。已上计银一百七十六两三钱。真金钵盂、锡杖各一枚，共重九两三钱。乳头香山二枚，重三斤。檀香山二枚，重五斤三两。丁香山二枚，重一斤二两。沉香山二枚，重四斤二两。

新恩赐到金银宝器、衣物、席褥、幞头、巾子、靴、鞋等，共计七百五十四副、枚、领、条、具、对、顶、量、张。银金花盆一口，重一百五十五两。香囊二枚，重十五两三分。笼子一枚，重十六两半。龟一枚，重廿两。盐台一副，重十二两。结条笼子一枚，重八两三分。茶槽子、碾子、茶罗子、匙子一副七事，共重八十两。随球六枚，共重廿五两。水精（晶）枕一枚，影水精（晶）枕一枚，七孔针一，骰子一对，调达子一对，棱函子二，琉璃钵子一枚，琉璃茶碗柘（托）子一副，琉璃叠（碟）子十一枚。银棱檀香木函子一枚。花罗衫十五副，内襕七副，跨（袴）八副，各三事。花罗袍十五副，内襕八副，跨（袴）七副，各四事。长袖五副，各三事。夹可幅长袖五副，各五事。长夹暖子廿副，各三事。内五副锦，五副绮，一副金锦，一副金褐，一副银褐，一副龙纹绮，一副辟邪绮，一副织成绫，二副白氎，二副红络缝。下盖廿副，各三事。接裑五具，可幅绫披袍五领，纹縠披衫五领，缭绫浴袍五副，各二事。缭绫影皂二条，可幅臂钩五具，可幅勒腕帛子五对。方帛子廿枚，缭绫食帛十条。织成绮线绫长裥袜卅量，蹙金鞋五量。被褥五床，每床绵二张，夹一张。锦席褥五床。九尺簟二床，八尺席三床，各四事。八尺踏床锦席褥一副二事。赭黄熟线绫床皂五条。赭黄罗绮枕二枚，绯罗香绮二枚。花罗夹幞头五十顶，绘罗单幞头五十顶，花罗夹帽子五十顶。巾子五十枚，折皂手巾一百条，白异纹绫手巾一百条，揩齿布一百枚，白异纹绫夹皂四条。白藤箱二具，玉樟子一枚，靴五量各并毡。

惠安皇太后及昭仪、晋国夫人衣，计七副：红罗裙衣二副，各五事。夹缬下盖二副，各三事。已上惠安皇太后施；裙衣一副四事，昭仪施；衣二副八事，晋国夫人施。

诸处施到银器衣物共九件。银金花菩萨一躯并贡祥装，共重五十两，并银棱函盛银锁子二具，共重一两，僧澄依施；银白成香炉一枚并承铁，共重一百三两。银白成（盛）香合（盒）一具，重十五两半。已上供奉官杨复恭施；银如意一枚，重九两四钱，絮浆一副四事。已上尼弘照施；银金涂盉一枚，重卅一两，僧智英施；银如意一枚，重廿两。手炉一枚，重十二两二分。衣一副三事。已上尼明肃施。

以前都计二千四百九十九副、枚、领、张、口、具、两、钱、字等，内金银宝器、衫袍及下盖、裙衣等，计八百九十九副、枚、领、张、口、具等。金器计七十一两一钱，银器计一千五百廿七两一字。

右件金银宝器衣物道具等并真身，高品臣孙克政、臣齐询敬、库家臣刘处宏、承旨臣刘继郎与西头高品彭延鲁、内养冯全璋、凤翔观察留后元充及左右街僧录清澜、彦楚、首座僧澈、惟应，大师清简、云颢、惠晖、可孚、怀敬、从建、文楚、文会、师益、令真、志柔及监寺高品张敬全，当寺三纲义方、敬能、从谭主持，真身院及隧道宗奭、清本、敬舒等，一一同点验，安置于塔下石道内讫，其石记于鹿项内安置。咸通十五年正月四日谨记。

金函一，重廿八两。银函一，重五十两。银阏伽瓶四只□□一两。□□□□水碗一对，共重十一两。银香炉一，重廿四两。□□盄三只，共重六两。已上遍觉大师智慧轮施。

中天竺沙门僧伽提和迎送真身到此，蒙恩赐紫归本国。兴善寺僧觉支书，凤翔监军使判官韦遂玫、张齐果迎送真身，勾当供养。真身使小判官周重晦、刘处权、吕敬权、阎彦晖、张敬章、右神策军营田兵马使孟可周、武功县百姓社头王宗、张文建、王仲真等一百廿人，各自办衣装程粮，往来异真身佛塔。

后面那块碑长113厘米，宽481厘米。刻文47行，满行21字，共计900多字，为《大唐咸通启送岐阳真身志文》，简称《志文碑》。碑文如下：

内殿首座左右街净光大师赐紫沙门臣僧澈撰

内讲赐紫沙门臣令真书

释迦大师示灭一百一十九年，天竺有国君号无忧王，分遗形舍利，役鬼工造八万四千塔。阎浮之聚落，有逾一亿舍，即置于宗。睹彼岐阳重真寺乃其一也。元魏二年，岐守拓跋育，初启塔基，肇申供养。隋文时，郡牧李敏、唐太宗朝刺史张德亮，并继开灵趾，咸荐香花。高宗延之于洛邑。天后荐之于明堂。中宗改法门为圣朝无忧王寺，塔曰：大圣真身宝塔。肃宗虔请，严于禁中。德宗归依，延于阙下。宪宗启塔，亲奉香灯。洎武皇帝荡灭真教，毁焚具多。衔天宪者，碎殄影骨，上以塞君命，盖君子从权之道也。缘谢而隐，感兆斯来，乃有九陇山禅僧师益贡章闻于先朝，乞结坛于塔下，果获金骨，潜符圣心，以咸通十二年八月十九日得舍利于旧隧道之西北角。按旧记云：长一寸二分，上齐下折，高下不等，三面俱平，一面稍高，中有隐迹，色白如玉，少青，细密而泽，髓穴方大，上下俱通，二角有文，文并不彻。征诸古典，验以灵姿，贞规既叶于前闻，妙相克谐于瑞彩。宸襟瞩望，睿想虔思，降星使于九重，俨华筵于秘殿。十四年三月廿二日，诏供奉官李奉建，高品彭延鲁、库家齐询敬，承旨万鲁文。与左右街僧录清澜、彦楚，首座僧澈、惟应，大师重谦、云颢、慧晖等，同严香火，虔请真身。时凤翔监军使王景珣、观察判官元充，咸来护送。以四月八日御安福楼，会宰臣者辟以延仁。宸虑既劳，其倾瞩法容，先诚其庄严，继赞纪于道途，耀戈铤于城阙。澄神负宸，齐虑临轩。虔拜瑶函，若灵山之旧识；一瞻金骨，忆双树之曾逢。解群疑而自化尘心，攀瑞相而尽成雪涕。遂感灯摇圣影，云曳彩章。神光亘发以辉华，玄鹤群飞而率舞。太官玉食，陋缜陁最后之心；甲帐清香，笑汉武冲虚之思。古今熠耀，中外归依。而遽厌万机，将超十地。望九莲以长往，蹑五云而不归。龙图乃授于明君，凤历纂承于孝理。眷香花之法物，圣敬如新；顾函锡之清尘，遗芳尽在。克成先志，永报圣慈。爰发使臣，虔送真相。乃诏东头高品孙克政、齐询敬，库家刘处宏，承旨刘继郇，西头高品彭延鲁、内养冯全璋，与左右街僧录清澜、彦楚，首座僧澈、惟应，大师清简、云颢、惠晖、可孚、怀敬、从建、文楚、文会，大德令真、志柔等，以十二月十九日，自京都护送真身来本寺。道□七夕，严奉香灯。云飘宝界之花，泣散提河之泪。以十五年正月四日，归安于塔下之石室。玉棺金篚，穷天上之庄严，蝉联龙纹，极人间之焕丽。叠六铢而斥映，积秘宝以相鲜。皇家之厚福无涯，旷劫之良因不朽。仍令高品彭延鲁、内养冯全璋，颁赐金银钱绢等，诏凤翔节度使令狐绹、监军使王景珣等充修塔寺。禅河呜咽，觉树悲凉。幢幡摇曳以交鸣，磬梵凄清而共切。想金扃之永闭，万感难裁；知妙体之常存，双空自慰。龙华三会，同为见佛之人；香列九莲，共接无生之众。芥诚可谒，愿心无穷。命纪殊功，永志于石。监寺使高品张敬全。

《志文碑》印证了法门寺佛指舍利来自佛祖释迦牟尼真身、由古印度阿育王造塔安奉的历史。佛指舍利在公元前3世纪中叶到达中国，在法门寺安奉。元魏、隋唐王朝开启供养，从此开启了几代王朝佛指舍利供养的历史。唐高祖李渊于武德元年（618年）诏改"阿育王寺"为"法门寺"，唐太宗李世民贞观五年（631年）敕命岐州刺史张德亮代王朝在法门寺"开示舍利"，以长安皇宫望云宫式样在法门寺地宫之上建塔以求"岁丰人和"，大唐王朝每隔三十年开启法门寺塔一次，前后八位皇帝六次迎奉法门寺佛指舍利入长安、洛阳皇宫供养。碑文言之凿凿。

这两块石碑运出地宫之后，孙达人来到法门寺发掘工地，认定了这两块石碑是无价之宝。他断定："有了这两块石碑，我们就可以按图索骥，不用发愁了。千年迷宫，在人民的手里，终要再现出它的谜底来……"

这两通珍贵的石碑，被后来20多年的研究证明，这是开启法门寺塔地宫中华佛教和大唐文化宝库的两把钥匙。

走进前室

鉴于地宫内部存在的险情，指导小组决定对第二道门采取安全支撑措施；同时决定从塔中心的"天井"掘进。这时韩伟和我忙了起来，我去县城军工企业胜利机械厂借军用的高级木箱40个，买80把锁，每箱两锁两钥匙，县公安局和县博物馆各确定一名专人，一人管一锁一匙。韩伟则将清理组分成两组：第一组曹玮、王占奎、付升岐、吕增福，负责"天井"部分；第二组任周方、淮建邦、王仑西、徐克成，负责地宫第二道门之后的发掘与清理。要求两组按工作进程，先安排绘图、照相、录像，后再清理、提取文物。

看到《物帐碑》上上千件唐皇室丝（金）织物和无比珍贵的香木箱函记载，省考古所理化室冯宗游应召赶到法门寺，与化学专家甄广全一起，下午5时20分随第二组进入地宫。任周方开启了第二道门上的铁锁，推开了双扇石门，地宫前室呈现在眼前。

○ 地宫第二道门

　　石门高 0.9 米，宽 0.42 米，厚 0.1 米；门槛宽 0.21 米，高 0.2 米至 0.4 米。东西两侧门框正面阴刻坐佛像。东侧 3 行 6 排共 18 尊。中间一行的佛像边上有刻文，诸如"杜从真""从昶""任士良"等，当为人名。每尊像亦刻一人名。西侧共 39 尊。门框内侧面各刻一力士像。门扇上各刻一菩萨。东壁上刻题为"内弓箭使左衔上将军刘从实"等。由于第二道石门内的空间处于整个塔体的南部之下，重压使门的顶部已经有两处断开，中间拱起，形成了"八"字状。

　　整个前室长度 4.01 米，南宽 1.05 米，北宽 1.11 米，高 1.2 米至 1.52 米。地面南高北低，形成缓坡状。由于此室位置恰好在塔壁之下，受力最大，所以破坏程度最为严重，大部分石材移位，棱角破

○ 地宫前室

○ 地宫前室

裂，表面脱落，个别石材成碴，两直壁底部两层地脚石被压入地下，地板受到挤压拱起。东西直壁均砌两层石材，上层5块，下层东壁4块、西壁5块。东壁上阴刻有15行文字，字数多少不一，高低不等，有具职衔的人名，也有不具职衔的；西壁上刻有佛像，结跏趺坐于莲台，云头顶出现莲花。还刻有老比丘像，身披袈裟，足下阴刻回首雄狮一头，两耳竖起，张口露齿，前足竖立，后足半蹲，足下山巅连绵。盝顶顶石由7块石材组成，东西盝顶斜石也都是7块。地板

○ 地宫前室墙壁上的刻文

石是2行7排14块石材并列放置。石室石壁全部为黑色。

　　眼前的景象让人惊呆：地面上全是一垒垒大唐王朝皇亲国戚供奉的服饰衣物，有些用包袱包着，像小山一般叠摞在一起；有些放在白藤箱子里，有些装在檀香木箱里。这些镶金带银、嵌挂珠宝的丝绸织物，缕缕金丝闪闪发亮，整个前室简直成了金色的世界。前室顶上由于重压已支离破碎，大大小小石块掉下来压在金色的丝绸上，堆放的丝金织物便被分隔开来，有的在石尖上，有的夹在石缝里，有的落在坑坑洼洼底下……冯宗游、甄广全等细心地将这一堆堆、一垒垒大唐遗物搬运到裁得大小适度的木板上，轻轻托起，再轻轻地转送出去。随即包在塑料包内，充上了惰性气体存放。

前室内又清理出石函、蹀躞10件、白瓷瓶以及铜质锡杖，这些都是甚为罕见又保存完好的文物。特别引人注目的是，前室北端镇守第三道石门两边的一对金毛狮。金毛狮全称彩绘金毛双狮，双狮均呈后蹲姿态，由汉白玉圆石雕成，阔口大张，鬃毛卷曲，呈决斗

○ 彩绘金毛石狮

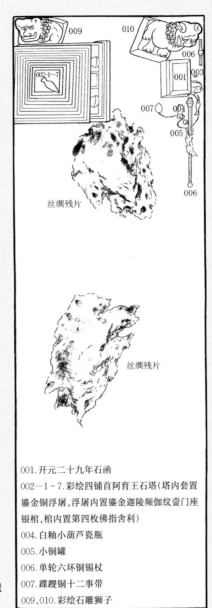

丝绸残片

丝绸残片

001. 开元二十九年石函

002－1～7. 彩绘四铺首阿育王石塔(塔内套置鎏金铜浮屠,浮屠内置鎏金迦陵频伽纹壸门座银棺,棺内置第四枚佛指舍利)

004. 白釉小葫芦瓷瓶

005. 小铜罐

006. 单轮六环铜锡杖

007. 踟躇铜十二事带

009、010. 彩绘石雕狮子

○ 地宫前室遗
物分布图

姿态，铜铃般的巨目直逼前方。双狮通体施黄、绿、黑三色，高约60厘米。石门正中还安置了一座阿育王塔，由于地面拱起，石狮倾斜，石塔位偏。

阿育王塔全称汉白玉浮雕彩绘阿育王塔，也称为四铺菩萨阿育王塔，主要是因为其四面均刻有两尊法相庄严的菩萨。从塔上雕刻的八尊菩萨风格判断，当为盛唐作品。但各面均彩绘十字团花，又具明显的晚唐特征。塔正面右柱有墨书题记一行，可见"真身道场知香火兼表启比丘常达"等字，可能是晚唐修缮并使用这座塔的僧人所留。清理前室是整夜进行的，直到4月10日6时才基本结束，整整12个小时。

面对地宫前室的石函，由于受西安临潼庆山寺"舍利宝帐"石廊的影响，人们以为舍利就是石函、石椁，所以在装箱记录上写下了"舍利"二字，注上"重器"。我加了封条，县公安局局长徐士先又加了锁，然后运到扶风县博物馆库房封存。

几天后，在往县博物馆运送丝（金）织物时，如何不损坏这些珍贵丝（金）织物则使人十分犯难。丝（金）织物用塑料薄膜封闭包装，又抽为真空，再注入惰性气体，大大小小一共有400多个包。大件的专车慢送，小件的如手掌大小的又该怎么送？思来想去，我去了法门中学，在二年级挑选了80名女学生，一人手端一件，坐在专门雇来的车上，车子慢腾腾地爬行，才把丝（金）织物全部妥当地送到县博物馆。

法门寺塔下地宫面世、珍宝无数的消息不胫而走。发掘现场被严密警戒起来，紧张情景堪比战争中的指挥部。副省长林季周、省政府副秘书长孙武学带着办公厅等有关部门负责人，代表省政府赶到现场视察，做了加强领导、支持发掘的七条决定。省文物局常宁洲局长赶到宝鸡市公安局与武警中队联系，调来武警，在发掘工地和扶风县博物馆设哨，武装保卫，同时还安排了秘密的公安便衣小分队，流动在寺院和法门镇的街道及田间、地头，警戒着周围。

走进中室

继续清理前室是十分艰难的，由于丝（金）织物的残片和断线都掉在犬牙交错的石缝里，清理组小心翼翼地拨弄、提取，到工作人员能放开爬行时，已是当晚10点多了。这时，也到了地宫的第三道门前。此时，省考古所焦南峰、金宪庸、张建林及省博物馆的单伟，还有几个搞化学保护的青年也被调来，参加发掘清理工作。

第三道门的两扇石门均系鸭蛋青大理石，门高0.8米，宽0.69米，有门槛、门框和门楣石。两扇门上分别有一个浮雕天王和一个浮雕力士，均施彩绘。门环上挂一副铁锁，铁锁已经腐朽。任周方、淮建邦、徐克成等人打开铁锁。只见中室地面基本水平，其后结构与前室相同，长为3.06米，北宽1.62米，南宽1.42米，北高1.72米，南高1.62米，显得略宽于前室和甬道。室顶置8块石板：石灰石2块，鸭蛋青大理石6块。石板全被压裂，有的成了碎块。中部的石板

○ 地宫第三道门

压在汉白玉灵帐顶部，压扁了灵帐顶部的白藤箱。东直壁与甬道、前室均有所不同，由上、中、下三层11块石材建成，通高0.9米。一块石上阴刻有"石作都料扶风鲁马□□□"。西直壁由5块石材组成，通高0.9米，石材上下两边磨制特别光滑，接着紧密。因中室中央放置灵帐，帐体过高，所以帐下没有地板石，只在灵帐的南北两端铺设了地板石，南部5块，北部4块。因中室受塔身重压影响较小，中室中间位置的汉白玉灵帐架受损也很小，没有倾倒。

灵帐通高1.584米，是由白如莹雪的汉白玉石雕成的四棱塔状物，四周有千姿百态的人神浮雕像和彩绘花纹。与前室的彩绘四铺菩萨阿育王塔相比，其制作更加精美细腻，体态也大得多。灵帐上有铭文："大唐景龙二年戊申二月乙卯十五日，沙门法藏等造白石灵帐一铺，以其时舍利入塔，故书记之。"灵帐为须弥座，下有禅床，每面雕刻托座金刚力士，帐身内壁每面刻一体薄圆雕菩萨。灵帐上披有三领袈裟。灵帐前居中放置一个鎏金铜熏炉。这灵帐真是个庞然大物啊！

由于中室狭小，又因地震等原因，庞大的汉白玉灵帐向东移动，西边腾出一个人能爬行过去的通道，考古人员爬行发掘，最后又在西北角发现一个檀香木匣，内装一叠叠粉绿色的瓷器，晶莹剔透，润光如玉，保存得十分完好，一共13件。这正是《物帐碑》中所记唐代最负盛名的瓷器——秘色瓷！

悬疑千年的秘色瓷出土，我们的兴奋无以言表。

在灵帐后面，我们还发现了一尊造型特异的菩萨像，菩萨屈跪

○ 地宫中室

○ 秘色瓷出土现场

○ 捧真身菩萨出土现场

于莲花台上，双手捧着一个荷叶盘，盘里有一个金色匾，匾上有錾文，这就是后文将讲到的地宫重器——捧真身菩萨。在捧真身菩萨座下的壸门座盝顶黑漆函内，发现5件完好如新的绛红罗底蹙金绣服饰，大家非常惊喜。

中室的北端，还有一道石门，门上有两个天王守护，这是地宫的第四道石门了。

中室的清理工作直到4月12日晚间方才结束。其他器物已全部运送出地宫，只留下那个"庞然大物"汉白玉灵帐。因为体形太大，无法即刻搬运，只能等到整个地宫发掘完毕之后再行清理。

○ 地宫中室与
第四道门

134

○ 地宫中室遗
物分布图

017-1. 汉白玉灵帐 018. 鎏金象首金刚镂孔五足朵带铜香炉 02-1. 八棱净水瓶 023. 银棱圆漆木盒 003. 白釉瓷碗 026. 彩绘石雕南方增长天王 025. 彩绘石雕东方持国天王 019. 鎏金鸿雁纹壶门座五环圈足银香炉 021. 银棱长方形盝顶木箱 024. 黑漆圆木盒 004~016.13件秘色瓷碗、盘、碟 001. 捧真身菩萨 022-1~7. 壶门盝顶黑漆箱(外带锁匙一套,提手一套,绛红罗底蹙金绣佛衣五件)

走进后室

4月11日，省文物局局长王文清安排局机关相关四个处室10多个人带着车子等后勤保障物资赶到法门寺，现场发掘的力量进一步加强，省、市、县三级指挥系统直接到现场，一场特殊的考古发掘有序进行。此时人们关注的重点由南向北，移到"天井"部位——后室。

第四道门后就是帝王陵墓式地宫的后室，在发掘时被叫作"天井"的地方。在4月9日第二组推开地宫第二道门的时候，第一组就从"天井"开始，分四步清理发掘。

第一步，下午5时30分，录像、照相完毕，用15分钟将"天井"的"井盖"搬上来翻身朝天。"井盖"为方形石板，边长65厘米，厚20.5厘米；中间有直径46厘米的圆形高浮雕莲花，四周为16个莲瓣，内饰蝌蚪状花蕊，中部有一高浮雕铺首衔环，铺首毛呈火焰纹，浓眉大眼，两耳外张，张口露齿，舌卷，衔铁环一枚，悬挂鎏金镂空银莲瓣铜心垂藻顶。

翻开石盖，"天井口"就显露了出来，井口直径为53厘米，原来或为六边形。井口顶放置两块南北向石料，均系鸭蛋青大理石，表面粗糙，内部光滑。井口沿阴刻花纹，下为双线构成仰莲瓣一圈，上刻半侧仰莲花12朵，有圆形智慧珠饰其间。在其中的一块石材下

○ "天井口"及"井盖"　　　　　　　　　　　　○ "井盖"内侧及宝帐镜花

部，墨书"刘水章""刘□章"两人名，可能为建筑者所书。从天井看下去，只见下边室内堆积了各类金银宝器，重重叠叠，井然有序。此时此刻，我不由得想到在民国时期朱子桥修塔后，法门地区就流传了一个说法，说：寺塔之下有一个万丈深井，井里边有大蟒，佛脚下井盖不能动，一动大蟒扑上来要吃人的。这个传说中的"井"现在就在脚下，只是没有大蟒，只有宝藏无数。一眼望去，首先看到石室北侧立着一个大金盆，再向北面的角落有一个大锡杖，这就是王保华在民国二十八年，从那个"孔"望下去看到的"铜鼓"和"棍"了。

第二步，绘图。下面全是堆积的宝器，怎么绘法？大家想到了土法"空中作业"。拿来一根50厘米长的棍子，用绳绑在中间。白金

○ 地宫后室(局部)

○ 地宫后室(俯视 1)

○ 地宫后室(俯视 2)

锁骑了上去，几个小伙子把他吊在空中，他在半空中来回旋转无法工作，又有人在他的腰间直插了一根棍子，这才基本固定。我们在现场戏称这种样式是"坐飞机"。白金锁和赵赋康轮换着上上下下"坐飞机"，开始了奇特的绘图作业。

第三步，清理、起运文物。一层层录像、照相，一层层绘图，一层层取运文物，这样循环往复进行着。直到最后，我们才看清楚，石室中文物的堆放是以石室北部一方宝函为中心的。

第四步，文物一出地宫，地面工作立即紧张起来。曹玮等人在"井"下往上举；淮建邦接过送到韩伟面前的桌上，由韩伟唱名给号；然后转到罗西章和公安干警海峰面前司秤；之后再由付升岐、吕增福、徐克成登记；这时再经任周方检查后包装装箱；由我和县公安局局长徐士先封口、加锁、封装；由扶风县博物馆副馆长侯若冰带馆内高西省等一班人搬运到工地停放的车上，武警战士押运到扶风县博物馆；最后在县公安局监督下入库房保管。

为保护文物安全，在4月9日晚上后半夜对前室阿育王塔试运后，从4月10日起，运送文物都是在每天晚上进行。4月10日，天还未黑，扶风县100多名公安干警就来到工地。市、县几套班子的领导坚守工地。寺院东西隔墙上爬满了当地的教师和学生，连墙边能坐人的地方都坐上去了，沿墙的树上都爬满了人。人们都两眼直瞪瞪地望着地宫。晚7时许，地宫"井口"冒上来一根金锡杖，金光闪闪，杖首喳喳作响，美丽非常；这个大件刚离开，"井口"又冒出天龙衔环五足朵带金炉台；接着鸳鸯团花纹大金盆冒上来，金如意冒上来……这样一件接着一件冒出金银宝器，被一个月后赶来的全国政协副主席、中国佛教协会会长赵朴初先生描绘为"从地涌出多宝龛，照古腾今无与并"。这些国之重宝，游走在这几个步骤中间，成了一道亮丽的风景线。至凌晨4时30分，已从后室起运文物41（组）件。底下还有更多，考虑到白天不便起运文物，现场工作暂停。这时周围墙上的、树上的以及与现场发掘无关的人员陆续撤离，我们清理完现场，东方既白。

4月11日上午，天阴沉沉的，下起雨来，地面工作暂停，后室绘图、照相和中室的清理工作继续。下午5时，省委书记白纪年、省长张勃兴与省里有关部门领导赶到工地视察，给予大力支持。他们回西安后又将在中央党校学习的孙达人召了回来，要他坐镇指挥。当天晚上，地宫中室和后室文物先后起运。工地灯火通明，周围墙上、树上人声鼎沸。午夜过后，大雄宝殿钟磬声悠扬，诵经声传到工地，我轻轻地登上殿前台阶，走进殿门，只见澄观、净一法师在佛曲《拜愿》声中此起彼伏念经敬佛。他俩都70多岁了，为了地宫发掘、为了修塔，这些天来每天都如此这般，我不禁心里一热……

4月12日照样白天绘图，晚上起运文物，石兴邦和省文物局局长王文清等来到工地，指挥地宫后室、中室（除汉白玉灵帐）全部剩余文物的起运。这时，澄观、净一法师慢慢走来，一个青年突然高声嚷道："师父，刚从地宫跑出来一个金马驹，活蹦乱跳，屁股上有个锁孔，听说钥匙在您那里，您给罗西章，他一开，金马驹尿啤酒，我们都能喝个够！"此话惹得满院笑声飞扬，人们忘记了疲劳。

不过，澄观法师倒是在晚上梦见寺院里有两只金毛狮在活蹦乱跳，天亮时他来工地说："地下多少宝贝你们都搬走，如有狮子就给寺里留下。"韩伟说："师父放心吧。"当天晚上第二道门打开，第三道门前两只金毛狮就守护着阿育王塔。这事实在使人惊讶。

在整个地宫中，后室似乎是中心里的中心。这个中心之中心，是一座鎏金函，外套檀香木函已散架，但盝顶银棱包角还翘立着。函顶有一尊鎏金带座菩萨，首束高髻，头戴花蔓宝冠，宝缯垂肩，上身袒露，底座为圆形束腰仰覆莲座，右手五指微屈，掌心向前，肘微上举，左手掌心向上，五指舒展平举，除面部、胸部、手部外，通体鎏金。菩萨两边各立一位石雕护法天王。石室南部放有五足朵带银熏炉及炉台，四个银阙伽瓶分别立于后室四角。其余成双成组的器物都分布于宝函两侧。特别引人注目的是后室北侧左边放置的一件双轮四股十二环锡杖，银质鎏金，高 1.96 米，足具释迦威仪。有人说这件锡杖为释迦牟尼大弟子监制。石兴邦说，从铭文的记载来看，当属懿宗下旨文思院所造。长期以来，日本以其正仓院所藏白铜头六环锡杖而号称天下锡杖之王。地宫出土的这件锡杖无论从其质地，还是制作工艺，或是其历史意义都称得上是真正的当之无愧的世界锡杖之王！

清理出土的琉璃器色彩鲜艳，共 20 件，其中只有 2 件是我国唐代所产，其余 18 件都是当时伊斯兰人在大食帝国（今伊朗一带）建立之后，东传教义入唐时的贡品。

在后室清理出的文物中，还有一套完整无损的茶具，这套茶具

○ 宝函上的毗卢遮那佛造像

通高15cm

座高4.5cm

重651g

○ 地宫后室的八重宝函

○ 八重宝函外层的檀
香木函构件残片

○ 八重宝函外层的檀香木函残片

○ 八重宝函外层的檀香木函残片上錾刻的龙纹

因其等级高、制作精美引起了人们一声声的惊叹。我们与《物帐碑》所记载——查对："茶槽子、碾子、茶罗子、匙子一副七事，共重八十两……"无一缺漏。从器物的錾文来看，多属僖宗皇帝所赐。

到4月12日晚，"天井"之下文物全部提走，地宫第四道门开锁推开，这时，人们方才明白了"天井"之下的石室正是地宫的后室，也才完全弄清了寺塔地宫的全部构成：朱雀门内甬道、前室、中室、后室"天井"。

至此，我们也才仔细看清了后室的情况。后室基本为方形，北部稍宽，位于地宫的北端，为整个地宫的核心部位。此室较大，用料考究，建造工整，四壁直立，其长为1.35米，宽1.21米，高1.87米。后室石门亦为两扇，门高0.92米。门楣石上阴刻着八行文字，记载比丘行严等八项僧俗人名等。门扇有安置锁的圆孔和高浮雕天

○ 清理地宫后室地面

王像。西侧门扇的天王站立，首有发髻，前饰花蔓，头系飘巾；身着战袍，穿靴裹腿，右手挂剑，左手叉腰；臂肘有披帛，双足踏两小鬼，头两侧有如意云各一。西侧天王与东侧天王大同小异，只是左手持斧，两腿之间夹一夜叉，夜叉手托天王双足。地板石由11块梯形、多边形石材组成。查看后室，已无一物，人们不大放心，揭开了八重宝函放置地的地板，下面土层里有"开元通宝"铜钱，我心里一紧，让马上盖上。我与徐士先商定，后室地面全部覆盖三合板，四壁加封封条，武警看守，最后决定是否揭取。

后室清理基本结束，考虑到从4月9日起已经整整工作了四天四夜，有的人走路都东倒西歪，有的人吃饭都在打盹，连碗都差一点掉到地上，有的人双眼都熬成了血罐子了。因此决定休整四天，17日继续工作。

4月11日，是法门镇农历三月十七的传统古会。扶风县委、县政府决定利用发掘工地暂停的机会，在古会期间，法门寺对外开放三天，让群众进入寺院，在塔基边上看一眼大唐地宫，也算是对群众热情的一种回报。警戒的公安人员由原来的6人增加到11人，法门镇的36名干部轮流值班。参观群众进入保护圈内后，由公安人员组织，排成队从地宫门前经过（不许进入地道），看一下踏步漫道及第一道石门。第一天参观者近1万人，第二天8000人，第三天为3000多人。参观的绝大多数是扶风县人，后来也有宝鸡、岐山、凤翔等地的群众。真可谓人山人海，盛况空前！

4月18日，工作人员陆续回到工地，发掘清理工作再度开始。

041.鎏金双轮十二环锡银杖 040、084.鎏金三钴杵纹银润伽瓶 043.鎏金鸳鸯团花纹双耳大银盆 045.鎏金鸿雁纹壶门座五环圈足银香炉 050-1～5、051-1～5.鎏金壶门座银波罗子 101-1～11.描金木山 038.素面云头银如意 007、046.鎏金人物画银坛子 030.鎏金带座银菩萨 034.鎏金坐佛云头银如意 027.素面银香炉并碗盏 028-1～13.玳瑁开元通宝 020、022.鎏金仰莲瓣圈足银水碗 089.素面如意长柄银手炉 009.素面委角方银盒 001.盘口细颈淡黄色琉璃瓶 055-1～10.鎏金十字折枝花纹葵口小银碟 079-1～10.鎏金团花纹葵口圈足小银碟 071、072.盘丝座银芙蕖 076.鎏金银龟盒 054.素面圈足圆银盒 031-1～91.琥珀念珠 106、107.银棱长方形盝顶漆盒 074.鎏金双狮纹菱弧形圈足银盒 082.鎏金双凤衔绶带御前赐方银盒 042-1～5.智慧轮壶门座盝顶银函（外用丝绸包裹，内套智慧轮盝顶纯金宝函，金函内装盘丝座葵口素面小银盐台，金银函各带银锁钥一套） 102.鎏金毬路纹调达子 109.鎏金铜包角漆木盒（盒外挂铜锁，盒内装琉璃盘、茶托、茶盏003、006、008。010～016、018～019。021、023。024。025）026.鎏金羯磨纹蕾纽三足架银盐台 002.鎏金卧龟莲花纹五足朵带银香炉 005.单轮十二环纯金锡杖 066.鎏金团花银钵盂 070.金银丝结条笼子 067、093.鎏金伎乐纹银调达子 099.鎏金镂孔银莲莲瓣藻井垂饰（与藻顶同号）075.鎏金双凤五足朵带银炉台 065.素面银案 097.鎏金银长柄银勺 052.系链银火箸 049.迦陵频伽纹金钵盂 069.鎏金银羹碗子 029-1～5.水晶珠 004.素面银香匙

○ 地宫后室遗物分布图（第一层）

011-1～8.八重宝函　077.鎏金飞鸿球路纹银笼子（内装香囊两件）　090.水晶枕　071、072.银
芙蕖荷叶、花蕾　073.迎真身素面纯金钵盂　033.素面圆底细颈蓝琉璃瓶（残片）　037.素面直
筒淡黄色琉璃杯　039.菱形双环纹深直筒淡黄绿色琉璃杯　024.鎏金淡黄色琉璃茶托　025.
素面淡黄色琉璃茶碗　094.鎏金双鸿雁纹海棠形银粉盒　103.鎏金羯磨纹调达子　006、008、
010～016、018、019、021、023.琉璃盘　095.鎏金团花纹银锅轴　032.素面直筒淡黄色琉璃杯（残
片）　026.羯磨纹蕾钮三足银盐台　096、100.鎏金鸿雁流云纹银茶槽子及底座　053.鎏金四出
花银食箸　067.鎏金伎乐纹银调达子　078.鎏金仙人驾鹤纹壶门座银茶罗子　002.鎏金卧龟莲
花纹五足带银香炉上朵带　085～088.鎏金三钴杵纹银臂钏　091、092.鎏金羯磨纹三钴杵纹
银臂钏　076.鎏金银龟盒　098.鎏金小铜铃　104、105.鎏金银背铜镜　104-f1、105-f1.鎏金银
背铜镜镜衣　108.香宝子　107-1.王母对纸底摇金银首饰　035.琥珀行走狻猊　036.琥珀蹲卧
狻猊　047.羯磨三钴杵纹铜圆盒

◎ 地宫后室遗物分布图（第二层）

发现秘龛

在法门寺发掘工地上，清理工作依然有条不紊地进行着。省政府召开了常务会议，专门研究法门寺发掘问题，提出发掘工作指挥系统要省、市、县"一线贯通"，确保指挥到位。孙达人带领省里各相关部门领导及专家26人于18日来到法门寺，与宝鸡市政府、扶风县政府共75人一起召开会议，专门对法门寺文物及文物清理问题进行了研究，做出相关部署。对于丝绸保护，再请西北大学一起研究。个别重要的文物需要特殊保护，请北京也派人来，确定是否往北京送。省文物局向国家文物局文物处黄景略处长做了电话汇报，请他来法门寺指导工作，并请他派文物保护专家来协助。

20日晚饭后，淮建邦、付升岐、吕增福继续清理后室，揭开了铺地石条，底下是土层，土层里夹着"开元通宝"铜钱，于是继续清理。

第二天凌晨5时，工地向我报告了地宫后室发现秘龛的消息，我立即赶到工地，才知道是曹玮和吕增福等凌晨时向下清理了30厘米土层，显出一个南北长59厘米、东西宽48厘米的坑道，底下埋藏着4厘米厚的铜钱层。两人在清理铜钱时，感到脚下的泥土下陷，断定是回填土。两人急忙蹲下身去，用手刨开稀松土层后，他们不禁大吃一惊。原来下边有一个暗室，里面好像藏着东西。吕增福急忙大喊："快打开照明灯！"韩伟这时也进来了，看了之后说："这可能是一个秘龛。"秘龛开在后室地面北壁中部石下，是一个高70厘米、宽75厘米、深50厘米的上大下小的不规整的坑。其中在30厘米处又向下竖直深挖20厘米，形成二重台。台上放置较规整的铜钱。秘龛底部内外各置条砖一块，两块条砖表面齐平。又用两块方砖相垛，上面平置一块较大方砖堵住龛口。这时，人们终于明白，这是第五道门，与这地宫盝顶、一道、四室形成了中国古代标准的帝王陵墓建制。这个地宫之地下的神秘之门里面到底是什么呢？推开砖门，用手触摸，先取出小琉璃球一枚，接着见到一个严严实实包起来的大铁函，只是铁函上的织锦包袱已经残破，仅余小块附在函的顶部。待抬出铁函时，天也大亮了。

○ 地宫秘龛前的铜钱

我弄清情况后，立即向县政府要了车直奔西安，7时30分就进了省政府。孙达人听了我关于发现秘龛的情况汇报后，立即指示两点：一、立即向省考古所石兴邦汇报，请北京王㐨等丝绸保护专家来法门寺；二、法门寺发掘工地情况要随时向他汇报。接着，他毫不客气地批评了发掘中对丝绸保护工作不够重视的情况。当天下午，省文物局第二次向国家文物局黄景略做了电话汇报，请他们火速派丝绸保护专家来陕。

4月22日，孙达人去省文物局办公室，督促值班的常宁洲副局长带领办公室主任曹凤权、文物处处长杭德州、公安处处长马兴科、财务处处长刘舜刚、科研处处长甄广全等带10多个人来到法门寺发掘工地。同时在甄广全的召集下，陕西省博物馆唐昌东，西北大学樊北平、任彩元等化学、丝绸保护专家来到工地。这样一来，省文物局主要办事机构都到了现场。财务处现场审批支出，办公室行政科科长姚同文驾着一辆轿车来回奔走，接送人员、购置物品等，我们都乐了——省文物局在发掘工地现场办公。石兴邦领着各路专家忙出忙进，采集各种有机文物标本，专门成立了化学防腐工作组。这时，地宫里又加了一项临摹的工作，省地震局的专家也到现场勘察。

4月24日，中国社会科学院考古和丝绸保护专家王㐨、胡继高、王亚蓉到西安。下午5时，孙达人陪王㐨一行到扶风。王㐨一行来到法门寺发掘工地，下了地宫，在第二道门前，王㐨蹲下来，望着前室丝绸清理现场发愣，脸色铁青，好久不说一句话。

晚上，孙达人在扶风县政协会议室主持会议，省文物局副局长张廷皓及工地发掘清理的主要人员到会，同时邀请王予、胡继高、王亚蓉和陕西省光学精密机械研究所、地震局、煤炭航测大队等协助单位的代表参加会议。会议主要讨论地宫丝绸等有机文物的保护，有些要采取紧急保护措施。会议决定，在扶风县博物馆西廊房开辟宽大的专门空间，做避光、避风、加湿、防毒、防霉等处理，由王予主持地宫丝绸等有机文物的化学保护工作。

从第二天开始，现场化学保护工作认真开展起来，冯宗游组织力量对汉白玉天王像、阿育王塔、石函、汉白玉灵帐的彩绘和石质文物喷洒药剂，进行专门处理。王予强调：一、要抓紧办好博物馆库房对丝绸等有机物的防潮、去湿工作，缺的设备要赶紧置办；二、个别漆木器做防霉变处理；三、立即抢救捧真身菩萨座下檀香木函里5件蹙金绣织物。至此，地宫内800多件唐帝、后宫服饰和相关有机物都运到扶风县博物馆，进行专门保护，地宫内就剩下中室"顶天立地"的汉白玉灵帐了。

4月21日，孙达人向省政府常务会议报告了地宫文物发掘情况，指出："这是我省继兵马俑以后又一次重大考古发现，将在国内外引起极大震动，其价值可能不亚于秦兵马俑的发现，其影响也很可能不亚于秦兵马俑。因此，从出土文物的保护到利用都应该提到这样的高度来认识，并将这个认识作为我们部署发掘、保护和利用等全部工作的出发点。"

因此，他在对发掘过程做出严格纪律的指示后，提出："必须调集一切可能调集的力量，做好文物的抢救性保护工作，尤其是大量丝织物的抢救工作刻不容缓。省文物局要切实负责组织足够的力量，邀请有关专家通力合作，做好丝绸、灵帐、漆木器、纸张、金银器等文物的抢救性保护，并在经费上给予保证，在这个问题上要舍得花一点钱，否则要贻误大事。对于中室精舍，在打开之前，对里面可能出现的佛骨、经卷等珍贵文物，事先要制定出多种周到可靠的保护方案，做到有备无患，万无一失。"同时要求："抓紧发掘研究工作。在现场发掘清理的同时，考古所要组织我省有关方面的专家及早开展室内研究工作，使考古、宗教、历史等诸方面的探讨有机地结合起来，互相配合，相互促进，以便尽快拿出考古发掘报告、完整的图像和有关研究论著。研究工作的质量和研究成果出版的时间，对整个工作的进程将产生重大影响，必须予以高度重视。"

在报告中，孙达人特别强调今后有关保护和利用的几个问题：第一，地宫的出土文物应以不离开法门寺、就地保护和利用为原则。第二，立即着手三个规划的工作。法门寺的规划，法门寺塔、地宫和出土文物的建馆规划。地宫本身作为一种文物，要完整保留；原法门寺塔的修建方案要进一步修改；出土文物的保护陈列，要有合乎科学要求的设施。还有两线旅游规划，要尽快拿出以法门寺为龙头的西线旅游区规划方案。

他特别指出，搞好法门寺地宫文物的保护和利用，意义重大。省、市、县和有关部门都要从大局出发，通力合作，加快工作步伐，共同努力把这项工作做好。

在这个报告里，孙达人高瞻远瞩，及时提出了法门寺文化建设的方向和发展蓝图。这些都为法门寺文化20多年来建设和发展的实践所印证。

最后的起吊

4月27日，最后的"战斗"打响了，目标是起运中室那座庞然大物——汉白玉灵帐。孙达人、王文清来到法门寺。主管副省长亲临发掘现场，既是对我们的一种鼓励，又是一种担当，因为千年灵帐在起运过程中如果稍有闪失，在场的孙达人是要负责任的。他在这个节骨眼上是来承担历史责任的。现场总指挥为常宁洲，地宫部分由石兴邦、韩伟负责，王矜、胡继高、王亚蓉现场指导，对录像、照相和提取灵帐内文物，都做了仔细安排。工作人员紧张待命，跃跃欲试。

由于灵帐的顶端紧贴地宫顶部，又被顶部破裂的石板压着，谁都不敢动。大家围着它端详许久，终于决定，挖开中室上方，揭顶取灵帐。

为了防止中室顶部坍塌，我们从西坡村调来了16个精壮村民，用沙袋填充中室，再用麻袋和砖块垫实灵帐周围，做到万无一失。

下午，地宫中室顶部被挖开，取掉石板，披在塔上的金襕袈裟加水汽湿润后揭取。此三领袈裟，为金罗纹线和丝线交织大红罗地蹙金绣团花物样，件件金光闪闪，很可能是皇室所赐。灵帐的上部

○ 清理汉白玉灵帐

露了出来，帐有双盖，上边一层小一点，但也重100多斤；下边一层突出，是覆斗形，盖上边彩绘鲜艳夺目，比上层重了好几倍。为了不伤及彩绘，避免抬破，党林生甩掉布衫，一个人上前试了试，竟把小盖端了起来。他脸上渗出豆大的汗珠，额上暴起青筋，放着这个石器重物，一步步迈过了挖掘得坑洼不平的地宫上部，放到10多米外的隔梁上。当盖轻轻落地时，党林生累倒在地，脸色苍白。第二层盖是几个小伙子抬走的。

这时，王㐨、胡继高、王亚蓉从上边开始提取。灵帐内各类文物重重叠叠，他们层层揭取。还是录像、照相、绘图、记录、揭取、放置、登记、起运到扶风县博物馆、入库等程序，还加进了遥感测量等项工作，进展十分缓慢。王㐨、王亚蓉、冯宗游、甄广全等在帐前操作，异常费力，特别是取丝绸和漆木器，手法要准、要轻，连气都不能长出一口。灵帐塔内上部有一个特制的包袱，包袱上部打结的两角向上挺立，一边盛放着高跟金丝绣鞋，十分精美。鞋帮以金银丝结条编制而成，鞋口以素罗圆口，鞋帮内衬素罗织物，还托衬一种南方的薄韧树皮。鞋底为几何纹绫。鞋底与鞋帮之间可见缝缯针脚，鞋口有浅褐色镶缘一周。鞋之前脸上饰直径2.5厘米的重瓣金丝结条六出团花一朵，下衬金箔。鞋后帮上缘用鎏金银丝编织鞋拔。30多年前的那个年代，城乡青年人都时兴喇叭裤、高跟鞋，老年人看不习惯，常讥讽不止。看到这双高跟金鞋，有人说："1000多年前我们老祖宗就是这样！"人们笑了起来。包袱下有木盒，盒子

○ 清理出的金丝绣鞋

内有4个铜镜，铜镜的背面纹饰十分生动。整整一天一夜，到4月28日9点多，金丝鞋等还未取出，帐底还有一个丝绸包袱裹着的大物件。大家实在坚持不住了，就在灵帐上边盖了块三合板，去县招待所吃饭、休息去了。这时工地上只有两个持枪保卫的武警，我已是九天八夜不曾好好睡觉、好好吃饭了，眼睛血红，头昏脑涨，但看着眼前的场景，顿时紧张起来。我对县公安局内保股股长袁治才说："袁老兄，这里除了武警就是你我，今天活是这一回，死也是这一回，你站那边，我站这边，咱们死守吧！"

下午1时30分许，大队人马来到工地。民工上前，搬走原来支垫的沙袋、麻袋，露出帐身，王玙等上前揭取文物。最后剩下那个大物件在帐底，无法搬动。这时，根据研究确定的保护措施和程序，常宁洲指挥一个又一个工作环节：先将灵帐帐身用麻纸包好，再包上厚厚的海绵、泡沫板，然后裹上棉被，捆上竹板，最后才在竹板外面套上导链。

一切准备妥当，地宫上下左右和前后围满了人，孙达人在我身后的土台上，常宁洲在上边指挥，韩伟在下边指挥。这时，人们提心在口，屏住了呼吸，连心跳似乎都听得见。终于，党林生拉动了导链，灵帐在导链的吱呀吱呀声中缓缓上升。人们觉得过了很久，这个庞然大物才上到了地面。当几个小伙子将它推到一边的大木板上时，人们几乎同时长长地出了一口气。在热烈的掌声中，孙达人向旁边喊了一句："给我一支烟！"这个用多重丝绸包裹的大铁函，当时人们并不知道这是地宫中的又一大重器。

○ 吊运汉白玉灵帐

4月29日，中室灵帐须弥座的西半部和东半部相继吊出以后，韩伟让王保平钻探中室地面，探知夯土30厘米之下为生土，确认再无文物埋藏。至此，法门寺地宫内发掘清理工作结束。

4月30日，我们对法门寺塔基和地宫现场做了全面整理，党林生领着几个民工坚守工地，现场看护。这时，偌大的地宫，明代塔基以及正在清理中的唐代塔基，完全暴露在光天化日之下。下午，天气闷热，4时左右，法门镇西北方黑压压的云块伴随着电闪雷鸣向东南移动。接着，狂风大作，雨幕将临。如果暴雨袭来，雨水涌进千年地宫，后果不堪设想，甚至会使这千年地宫毁于一旦！刚好我在现场，拼命呼喊了一声："快去粮站拉篷布！"说时迟，那时快，党林生和几个小伙子拉起两辆架子车，飞一样向三里以外的寺南法门粮站跑去。我拨通了电话，粮站工人们立即将篷布搬上架子车，他们又飞一样地回来了。我们架木搭梁，篷布刚盖好，铜钱大的雨点铺天盖地而降。党林生等几个人实在疲惫不堪，起不来了，躺在地上喘气，任凭倾盆大雨浇淋全身。

我十分激动——这就是为修复真身宝塔而甘愿献出自己一切的法门寺人！

1987年5月1日下午，工作人员在扶风县招待所聚齐，省文物局副局长张廷皓赶来了。根据新的情况，我们开会决定：文物的清理和再发掘工作总负责为张廷皓、李宏桢；业务组总负责为石兴邦，韩伟为现场总负责；安全保卫总负责徐士先，我为行政协调。发掘工作分为五个小组：一是金银器组。组长：韩伟。记录：曹玮。总账：付升岐。称量：赵赋康。建卡：白金锁。出入库：王仓西、吕增福。二是丝绸、杂器组。组长：罗西章。记录：王占奎。总账：淮建邦。称量出入库：徐克成。建卡：邰燕宁。三是技术组：王矛、王亚蓉、冯宗游、单伟。四是照相组：刘合心、王保平、魏全有、阎大勇、黄埔校、李明。五是安全组：袁治才（统一指挥武警和县博物馆的保卫人员）。我同时安排县博物馆副馆长侯若冰与高西省、王志英等专业骨干人员全部参与配合，一场特殊的考古发掘在县博物馆开始了。

扶风县博物馆设在县城东门的城隍庙内，这是关中地区保护完整的明清建筑群典型，为陕西省1956年公布的第一批省级重点文物保护单位。法门寺地宫发掘期间，这里被作为临时库存地点，出土文物除丝绸服饰在西廊特殊保管保护外，其他文物全部在馆内库房里。我们将城隍庙钟鼓楼以北的献殿，东西廊房封闭为清理工作区·西廊房为丝绸服饰保护区，王矛带领技术组在内工作；献殿为第二组清理工作点；东廊房陈列了这次发掘清理的代表性文物，以备接待特殊参观。5月3日全部工作展开，其后10多天，是持续紧张奋斗的日日夜夜。

寻觅佛舍利

这期间，一个严重的问题时时困扰着我们全体考古发掘工作人员，那就是：从推开朱雀门进入唐塔地宫，到现在已经将近一个月了，佛典、新旧《唐书》、《扶风县志》记载的水银池一直未曾见到，金船更是不见踪影，而八位帝王迎来送去、虔诚供奉的佛祖释迦牟尼的真身指骨舍利到底在哪里，我们都不得而知。于是，我和其他考古发掘人员一起查找资料，探究佛舍利的真相及其来龙去脉：

舍利是梵语Śarīra的音译，《实用佛学辞典》中"舍利"条云：

> 舍利：佛之骨也。又总名死尸。是依戒定慧之熏修所致也。元镏绩《霏雪录》曰：舍利，按佛书，室利罗或设利罗，此云骨身，又云灵骨。有三种色，白色骨舍利，黑色发舍利，赤色肉舍利。

舍利是佛教的圣物。相传佛祖释迦牟尼圆寂后，弟子们用香燃火焚化其遗体，在灰烬中发现了四颗牙齿，以及指骨、头盖骨、毛发等物，弟子们将其细心收殓保存，安葬于圣地王舍城，并起塔供养。当佛教徒再也无法向佛祖本人顶礼膜拜的时候，便把其虔诚之心转向了佛祖遗存的舍利。这样，舍利便被赋予了神圣无比的含义，扮演了至高无上的角色。

释迦牟尼舍利有多种形式：舍利子（粒状），传世较多；牙齿（今存北京八大处灵光寺、斯里兰卡）；指骨（今存法门寺）；头盖骨；锁骨等。据《法苑珠林》卷五十一载：唐高宗显庆五年三月，奉迎法门寺佛指入东都洛阳时，还有"西域又献佛束顶骨至京师"，其高5寸，阔4寸许，黄紫色。此物难定其真伪，今无存。释尊涅槃后，其碎身舍利分为八份，为当时拘尸国、波婆国等八国分得，分别起塔供养，这也就是佛塔的起源。这一事在《长阿含经》第四《游行经》、巴利文《大般涅槃经》等佛经中都有记载。

1896年，欧洲人柏佩和印度人史密斯在尼泊尔南境毗尼园发掘古坟时，得一大石柜，内藏蜡石壶两个，蜡石器一个，蜡石箧一个。其中蜡石壶内藏有骨片，壶盖上有阿育王时代或其以前的铭文："佛陀此尊舍"。这 考古发现证明了《大般涅槃经》上所述佛骨分配的真实性。

印度佛教瘗埋舍利的方式是安置于刹中、塔上或塔基下。瘗埋舍利的葬具有函瓶、钵、罐及函棺、函塔等器具。随同舍利埋葬的供养品主要是"七宝"。《佛说陀罗尼集经》卷十三载："其七宝者，一金二银三珍珠四珊瑚五玳瑁六水晶七琉璃，是名七宝。"

公元1世纪前后，印度的佛塔建筑形式随佛教一起传入中国后，很快与中国固有的建筑形式和文化传统结合起来，形成楼阁台榭。上垂相轮九重，下为重楼阁道，这样就成为在多层楼阁上加九层相轮的塔刹。并且因塔设寺，塔寺相依，成为中国佛教的一大特色。

法门寺就是这样因塔设寺的典范。

佛塔传入中国后，舍利的瘗埋方式也发生了变化：

隋之前，大都将舍利放入石函，直接埋入塔基下的夯土之中，河北定县北魏舍利塔、河南洛阳的北魏永宁寺塔，皆用此制。

隋以后塔基下开始建筑石室、地宫，最初的石室是在放置舍利的石函周围用砖砌成的简陋墓室，只稍拓宽舍利的放置空间。瘗埋舍利的石函较前期精致，且有多重函、瓶。

至唐时方才出现仿墓室地宫，由台阶、甬道、各室构成。而函则有多重，舍利容器发展为金棺、银椁、玉棺等。

隋文帝仁寿四年（604年）诏令全国各州县建塔，将舍利盛于特制的盝顶铜盒内，外面为石函，石函的周围砌石或以砖墙护置。函的多少没有定制：大云寺藏舍利，其容器共五重，最里面是盛舍利的琉璃瓶，其外依次是金棺、银椁、鎏金函、盝顶石函；庆山寺石函则改为六块青石组成"释迦如来宝帐"，内置银椁、金棺和盛放舍利的绿琉璃瓶。

佛教传入我国后，为了生存发展的需要，逐渐接受了中国的传统习惯，不仅按照中国传统的埋藏方式瘗埋舍利，而且因其是无上圣物，故将舍利安置于塔下宫室。地宫是模仿中国唐代帝王陵墓的形式建造的。以法门寺地宫为例，有石门四重：头道门（即隧道门）门楣上的梯形石材，上刻相对而立的两只朱雀。朱雀是有其来历的，唐长安皇城南正门叫朱雀门，因而昭陵、乾陵等唐代陵园南门均称为朱雀门，以象征皇宫。地宫前室北壁两角各置有一护法石狮。石狮为吉祥物，佛教用作护法神，因《佛说太子瑞应本起经》中有佛出世时，五百狮子从雪山走来、侍列门侧的记载，因此后世大凡寺院及有关的壁画上均置以狮子。但狮子传入我国后，却成了唐代统治集团陵墓等级的标志之一：唐帝后陵墓都有石狮，其余除武则天母杨氏的顺陵、懿德太子墓、永泰公主墓等以外，很少有石狮。目前已发掘的唐代等级最高的陵墓，首推懿德太子墓，虽"宏丽不异人间"，但也仅有前后两室。法门寺地宫则有前、中、后三室，门有四重，外加一个秘龛，显然是依照皇帝陵墓修建的，其等级是最高的。已发掘的唐代墓室顶部一般为穹庐顶，而法门寺地宫却为盝顶——斜角平顶式，可见埋葬方式仍保持着显著的佛教建筑特色。

据记载，法门寺瘗埋的舍利系释迦牟尼佛的一节指骨，是佛真身，而非广义的舍利。

从古到今，几无人怀疑佛指骨的真实性，不少典籍还对佛指舍利形制做了详细的描述，唐道宣《集神州三宝感通录》卷一载："其舍利，形状如小指初骨，长寸二分，内孔正方，外楞亦尔，下平上圆，内外光净。余内小指于孔中，恰受。便得胜戴，以示大众。至于光相变现，不可常准。"

《大唐圣朝无忧王寺大圣真身宝塔碑铭并序》载："观其氤氲玉润，皎洁冰净，灵不可掩，坚不可磨，寸余法身。"

《大唐咸通启送岐阳真身志文》载："以咸通十二年八月十九日得舍利于旧隧道之西北角。按旧记云：长一寸二分，上齐下折，高下不等，三面俱平，一面稍高，中有隐迹，色白如玉，少青，细密而泽，髓穴方大，上下俱通，二角有文，文并不彻。征诸古典，验以灵姿，贞规既叶于前闻，妙相克谐于瑞彩。"

《法苑珠林》载："既出舍利，遍视道俗……舍利高出，见者不同：或见如玉，白光映彻内外；或见绿色……"

圆照《塔记》载："……无忧王寺真身舍利者，即大圣释迦牟尼佛金躯碎质也，年逾千祀，坚润殊常。"

提及法门寺佛指舍利，人们对佛骨异象讳莫如深却又津津乐道，使其成为永远的热门话题。法门寺佛指之奇异，见于古今，载入诸多史册。

上述记载虽言之凿凿，然而现在地宫已清，文物尽出，舍利又在何处呢？

佛诞日，第一枚佛指舍利现世

5月4日，星期六，扶风大地晴空万里。下午下班前，省考古研究所所长石兴邦与西北大学电教队魏全有等几个人回西安过星期天去了。晚饭过后，韩伟对我讲："韩局长，今天晚上咱们是否可以揭取地宫后室那个檀香木函内的鎏金函？"这个计划事前未商量，我拿不定主意，按照当时行政、保卫和清理三方共同负责的规定，我请来县公安局局长徐士先，徐士先说他没意见，如果定下来就让在现场的袁治才负责。就这样，那个鎏金函被抱到献殿的工作台上。当时在地宫起运时，曾经打开过鎏金函的锁子，见里边是一个素面银函，就又合盖锁好。此鎏金函连同地宫前室的阿育王塔、地宫中室汉白玉灵帐中的大铁函、秘龛里的大铁函并称四大重器，由我加封，徐士先加锁送到扶风县博物馆。由于知道里边还有银函，王矞到街上修车摊上购买了两根自行车辐条，他有钳工经历，因而很快整修成两个吊钩，准备开启时用。

由于外面的檀香木函已经散架，宝函轻易地就手托而出。晚上7时，锁被打开，预料中的素面银函出现了。这座银函，上边包着丝绸带，带子打了一个不大不小的结，这是唐代安奉时放进宝函时的手段，也是封函的标志。大家望着这个结发愣：1000多年了，怎么解开，稍有不慎，结头断掉，无法交代。王矞上前了，他用硬纸卷了一个锥形的筒，然后用锥尖对着那个结的缝一点一点捅，一会儿，千年结居然被打开了，现场一片掌声。随后，王矞用两个特制的铁钩伸到银函的两边，找到平衡点，小心翼翼地吊起来。银函很重，王矞满头大汗终于把它放了工作台上。银函上还有锁，钥匙就在上边。王矞接着开了锁，打开银函，里面又露出鎏金函，函上又有系带；王矞毫不犹豫，把鎏金函吊上来；只见上面又有系带、锁、钥匙。像前边一样，王矞先打开千年结，开了千年锁，揭开一看，里边又是一个纯金函，而纯金函取出之后，开了结，开了锁，打开一看，里边还有一只纯金函。

这时，大家乐起来了。说这是大唐王朝给我们的百宝箱，不知道里边还有多少宝函，但愿是取之不尽的。金函取出来之后，王矞

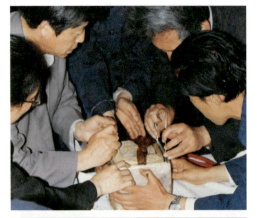

○ 逐层取出内层的宝函

○ 打开金锁

○ 打开宝函系带

○ 解开金塔包袱

○ 发现第一枚佛指舍利

先如法炮制，再打开，里边是宝石函；而宝石函打开之后，王矛从中取出一个丝绢包着的物体，打开结，慢慢地将丝绢推向四边，一座金光四射的宝珠顶单檐四门纯金塔呈现在眼前。金塔四面有壶门，可以看到晶莹似玉的物体在里边。王矛对王亚蓉说：我们该离开了。他俩坐在一边，韩伟坐了上去。张廷皓用手轻轻一碰，塔身塔刹连在一起，但与底部是活动的。于是，他顺手取掉塔身放在一边。这时，千年一遇的场景出现了：金塔的金座有一银柱，套着一个白玉一般的物体。大家瞪圆双眼、神情迷茫，不知此为何物。张廷皓、韩伟猛地想到地宫《志文碑》上的记载，马上喊了一声："佛指、佛指舍利，佛的指骨舍利！"大家先是一愣，接着一片"啊呀"之声，顿时掌声四起，欢呼如狂。迷失千年之久的佛指舍利竟然这样出现在我们面前！这是做梦都不会有的事。王矛认真看了一眼手表，已是凌晨1时许，他小声问王亚蓉今天是农历哪天，王亚蓉回答四月初八，王矛马上回应："这么殊胜，今天是释迦牟尼佛的诞生日。"

这个千年一遇的巧合感动着世界，闻讯赶来的澄观、净一法师万分激动，连声说道：佛舍利出世在佛诞日，天降甘露（细雨）于法华。他们一下子扑倒在佛指舍利面前，为这千年一遇的巧合念诵："太平盛世，佛祖出世；天降甘露，世界和平！"这一刻，千年一遇。

接踵现世的第二枚佛指舍利

第一枚佛指舍利现世给大家以极大的鼓舞，现在人们把目光又投向了第二大重器——汉白玉灵帐中秘藏的这尊铁函上。铁函重29.29公斤，高52厘米，长宽各58厘米。由于尘封已久，函上的一把大铁锁更是锈迹斑斑，几近腐朽。铁函里到底有什么宝物，已经不能像在地宫田野发掘时那样依靠《物帐碑》的记载按图索骥了，因为碑文中没有关于铁函的片言只语。

工作人员心里都清楚，秘藏在铁函中的宝物肯定非同一般，它应该比清清楚楚记载在《物帐碑》上的金银宝器更宝贵。现场的专

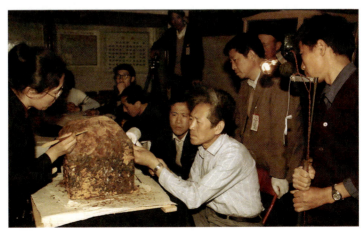

○ 清理盛放第二枚舍利的铁函

家们恨不得能透过铁函看看里面是什么，这时王㐮说："透视！我们可以利用医疗科技的手段！"

5月7日晚8时，应王㐮请求，我从县政府调来小车，在武警战士的保卫下，和张廷皓、韩伟和王㐮一行到扶风县医院放射室，准备对铁函进行X光透视。我请来放射科杨主任，做好了一切准备工作，王㐮十分热情地对杨主任说："本次对文物进行X光透视在考古界是第一次，您是透视文物的第一人，我需要记下您个人的学历、职称、工作经历等，如果有什么成功之处要发表论文，您将是第一作者。"经过X光机的反复扫描，证实铁函中有"异状物"存在，但由于铁函过于厚实，无法看清。于是约定第三天下午再照，依然无法看清。扶风县医院是陕西省重点县级医院，这台X光机是刚花20多万元添置的新设备，两次长时间拍片，X光机损坏，院长倪秉正说："为了法门寺珍宝，值得！"

张廷皓和韩伟去了凤翔县关中工具厂，找到了相应的工具。5月8日晚8时，铁函被放到工作台上，旁边是X光片。王㐮、王亚蓉、韩伟、淮建邦、付升岐、赵赋康、白金锁、曹玮等人都集中在工作台边。王亚蓉剔除掉函外已灰化的丝绸痕迹，王㐮用刀具从后边剔开函盖、函体间的铁锈，白金锁以小木槌轻敲铁函边侧，使年久错位的函盖、函体松动，但当王㐮用刀具将铁函启开时，在场的人都傻眼了：函内填塞的是黄泥、红泥，并没有看到什么金碧辉煌的东西，与想象相去甚远。尽管大家充满了疑虑，但工作并没有停顿，清理掉泥状物后，出现了一只腐烂未尽的木函。在木函中有丝绢，整整九层，当最后一层丝绢揭开后，一座金光闪闪的鎏金双凤宝盖纹银棺显露了出来。

银棺前挡高 5.5 厘米，后挡高 3.1 厘米，长 10.2 厘米。棺盖前端雕着一朵五彩花冠，中间有两只活灵活现的凤凰，后边饰有云头纹。小小的银棺板中间錾有精致的两扇小门，挂着一把精致的小锁，左右两扇门上各饰有 3 排 9 颗小金钉，且各雕造手执戟钺的力士，力士头上有朵朵彩云。银棺后挡上雕造着一对鬈发金毛狮，足下有流水纹。棺身左右两边各雕守护的金刚力士，左侧的执剑，右侧的执斧。银棺下边是一张极为华丽的雕花金棺床，棺床壶门座，前后分别有五座月形堂门。棺床上铺着黑色丝绢，织有柳叶纹金花。专家当场定名为鎏金双凤宝盖纹银棺。韩伟轻轻开启银棺，棺内艳丽如画的织锦上，安卧着一枚大小、色泽、形状等各个方面与 5 月 5 日现世的

○ 发现第二枚舍利

佛指骨舍利极其相似的管状物，也就是说，又一枚佛指舍利现世了！

两枚佛指舍利的出世，让大家的情绪兴奋到极点，同时又不约而同地把目光转向秘龛中的那件重器。

真身仅存——第三枚佛指舍利横空出世

5月9日晚11时，现场工作人员有王矜、王亚蓉、韩伟、张廷皓、淮建邦、付升岐、曹玮、胡武智、王占奎、白金锁、王保平、吕增福等。大家兴奋地搬出了地宫秘龛里的铁函。函上布满铁锈，原包裹的丝绸已朽坏，仅余函顶粘连的部分。丝绸为罗，有金色。铁函已锈实，王矜、王亚蓉、曹玮用刀具清除函缝中的铁锈，再切开子母扣，打开铁函，露出两枚水晶珠。水晶珠下面有鎏金函。函盖上与函体的东、西、南、北四面共有45尊佛和菩萨造像。函上有錾刻文："奉为皇帝敬造释迦牟尼佛真身宝函"。据此推断，金函内会有佛的灵骨，在开启金函之前，将法门寺的澄观、净一等四位法师接来，一起观看开启过程。

王亚蓉剥离金函上的丝绸，打开鎏金函，内有高27毫米的液体，取走液体，看到了内置的檀香木函。木函深褐色，四角包金（鎏金）已散坏。函内有水晶椁。椁的周围存放着小木雕的菩萨、弟子、供养人。水晶椁透明通亮。盖前端嵌银黄宝石一颗，后端嵌银蓝宝石一颗，炫耀夺目。椁盖雕有观音菩萨及宝瓶插花。揭开椁盖，露出

○ 铁函打开后露出两枚水晶珠

腰缠黄丝带的白玉棺。取走丝带和玉棺前的一双玉环，揭开棺盖，佛祖释迦牟尼灵骨卧于棺内，灵骨乳黄，有裂纹，骨之上有白色霉点，有骨真感，因在液体中浸泡1000余年而发软。澄观、净一法师等一见佛骨现世，一起近前烧香上茶，诵经顶礼，长拜不起。

对此，专家王亚蓉在其工作日志上有如下调侃式记载："法师带着袈裟、供品（橘子、山楂、桃罐头、红糖）和给大家慰劳的水果糖。水晶椁发现后，一法师频频顶礼膜拜。佛骨出现之后，二法师及另一居士身披袈裟，跪拜在地，念诵不已。考古考古考出和尚念经，这可能也是考古之最了吧！"

经专家测定，真身舍利为骨质，高3.89厘米至3.94厘米；中腰最小径1.9厘米，大径1.93厘米；壁厚0.15厘米至0.3厘米；孔径大

○ 清理盛放第三
枚舍利的铁函

○ 去掉丝绸包裹
开启水晶椁

○ 开启白玉棺

端1.61厘米，小端1.46厘米；裂缝宽0.02厘米；重9克。真身舍利一面由上而下有裂纹，但未裂透，与地宫《志文碑》对照，一点不差。也就是说，佛祖真身舍利真的横空出世了！

这枚佛祖的真身指骨舍利，在咸通十四年（873年）唐懿宗迎奉时，由国师、上都大兴善寺智慧轮三藏阿阇黎所造之素面壸门座盝顶银函和素面盝顶纯金宝函供养，起驾赴长安皇宫。银函在外，上錾刻"咸佛真身舍利，永为供养"；金函在内，上錾刻"敬造金函，供佛真身，上资皇帝……"。第二年正月奉还法门寺时，佛祖真身供养于五重宝函之内，智慧轮金、银函因此而空，因其供奉过真身，亦安奉在后室八重宝函之侧，以表敬重。佛祖真身指骨舍利，经过官、僧各方代表多人"一同点验"后安奉于塔下地宫。这枚佛指舍利自公元前3世纪中叶安奉于法门寺塔，到公元874年正月初四唐僖宗诏命法门寺地宫封门，再到1987年5月10日出世，一直安厝了2000多年。

历史的圆融——第四枚佛指舍利现世

工作人员从5月9日的9时10分开始，到5月10日8时6分佛祖真身出世，已经连续工作了23个小时，于是安排休整，晚上7时30分再次开始。

此前的5月5日，也就是佛诞日，第一枚佛指舍利现世的当晚10

时10分，王矛、王亚蓉、韩伟、张廷皓、曹玮、甄广全、杨宗孝等人即已开启了汉白玉阿育王塔。阿育王塔外四面是彩绘八部菩萨，塔正面门右柱有墨书题记"真身道场知香火兼表启比丘常达"等字，题字者可能系晚唐时修复并使用这座塔的僧人。内壁每面以墨线加绿彩绘菩提树两株，内置宝刹、智慧珠、须弥座、幡轮、宝盖、宝珠、相轮等物，还有丝绸包袱包着的一座十分精美的宝刹单檐铜方塔。铜塔四级，三层之上的塔身四面开窗，正面有门，通过拱桥直下塔座。塔顶四坡庑殿式，飞檐斗拱，居高临下，气势雄伟；顶上轮相重重。大家从未见过这样的唐代建筑实物，王矛用铁丝扭成四个长方形套，各套住宝刹一角，大家一起用力，向外提取。此时已是5月6日2时32分，塔内取出的丝绸包袱因需返潮后才能打开，即先送入库房保存。

5月11日凌晨1时，已经返潮六天的丝绸包袱被王矛、王亚蓉打开，里面又是一座鎏金迦陵频伽纹银棺。它钣金成型，纹饰鎏金。棺体下有两层台座。棺内五面棺衬内中还有一枚佛指舍利！

至此，在法门寺塔地宫内共计发现四枚佛指舍利。经高僧大德和佛学专家根据现场情况和文献资料考证后确定，出土于地宫后室秘龛中的第三枚舍利为佛祖释迦牟尼的真身指骨，其他三枚俱为影骨。

面对出土的四枚舍利，多日来忙于清理的文物专家王矛竟然诗兴大发，在自己的工作日志上写下了"一九八七·五·十三，为佛事打油诗"一首：

○ 打开塔内
的铜浮屠

○ 清理银棺

○ 发现第四
枚舍利

欲见释迦真身难，今朝四骨尽情看。

千载盛会法门寺，净观诵经又一遍。

（净：净一法师；观：澄观法师）

法门寺出土的四枚佛骨舍利，其中第一、第二枚佛骨是玉质，现状良好，不需要做特殊保护处理。第三、第四枚佛骨是骨质，是保护的主要对象。由于佛骨长期浸泡于液体之中或处于非常潮湿的状态，骨中蛋白质长期受水中酸的作用极易碎裂，必须防翘曲、防开裂、防酥解、防霉变，需要严格保持出土时的原始湿度和采取防霉措施。据参加佛骨发掘并实施佛骨保护的专家冯宗游介绍，佛骨在保管初期曾发生过轻微的霉菌感染。工地条件简陋，对霉菌仅采用75%的乙醇消除，尚可抑制霉菌发生。但是在5月份以后，天气转热，气温不断上升，由于缺乏有力的灭菌措施，要杜绝霉变显得越来越困难。专家们采用了脱水和加固的办法，以保护佛骨的原始形态，无损佛骨上的历史遗迹以及色调等外观特征，以达到永久保存的目的。

大量的丝绸清理与抢救

千年地宫十分潮湿，800多件丝（金）织物全粘到一块了，又压在碎石下，发掘出来时已经十分脆弱了。王㐨分析了这批黏结的丝绸的现状，认为丝绸防霉问题急如救火。在严格规定了现场发掘纪律后，要求高度重视室内潮湿问题，建议立即开启通风设备，灭菌设备要尽快到位，脱湿设备也要想办法解决。但是，由于当时的条件和资金欠缺，有些问题无法解决。就是在这种艰难条件下，丝绸保护清理工作依然开始了。

地宫丝绸织物、服饰，唐代是有序供奉放置的，但由于地震、掉石、地板交错拱起等原因，原状已被破坏，揭取时放在大小不一的合板上，连同小堆小片，共400多个标号。最长的一堆，丝绸通长97厘米，宽43厘米，厚约10厘米。由于年代久远，丝绸堆积在一起逐渐朽坏，清理时提取和装箱都比较困难。王㐨这位擅长丝绸织物保护和整理的考古专家，拖着虚弱的身体，站在台边长时间观察、辨识其叠压纹路，想办法把它们分开。在王㐨的带领和组织下，工作谨慎、紧张、有序地进行。非常惋惜的是，这些1000多年前已经互相叠压，而且十分脆弱的唐代丝绸织物，仅能整理出20厘米×20厘米大小的残片。

面对丝（金）织物残片，王㐨整天整天地沉静观察，端着大茶缸喝水，一把一把地吃着药片。他要弄清每一件丝绸物的特征，看清那粗细仅是发丝三分之一的金丝线的来龙去脉，仔细地观察丝织纹路和叠压折迹。有时，他用放大镜，俯下身来，久久地一动不动地细看，就像一尊木头人一般。而动手的时候，一双枯瘦的手，竟是那么灵巧、敏捷。

王亚蓉负责对那些丝（金）织物的残片进行观察、记录、绘图。

○ 铁函上的丝绸包裹

○ 水晶椁子的丝绸包裹

如她记录一块土红色大花罗地绣袱的文字："此夹袱为20厘米见方袱，由残存纹饰可见出整个设计格局。残存三只图案花的绣凤，四凤作为方形四角的角花，两凤之间有一只小蝴蝶（变形的），中间为双凤相对组成的一个团花。可见色彩：浅绿、草绿、墨绿、土绿、深褐色、赭黄及三种相近似的浅赭黄。"她还临摹出蝴蝶，并标示"深褐色接针绣满""捻银线图钉边缘"等。她画出带彩的角花（凤）刺绣，记载："绣线：采用各色、劈线绣线，合色、近针平齐。"针法则注明"分批插针，齐针平绣，不留水路，正抢、反抢法都有运用，纹饰边缘临界用捻银线圈钉"。罗地石竹花袱残片所记的是："绣残片大小共7块。刺绣纹饰有石竹花、大雁、飞鸟残翅及绣装饰条带图案。以写实手法处理花鸟，选用0.7毫米的劈绒线分层齐针平绣，每层相邻用针针相插手法处理，枝条、雁目用接针加工（针距0.6毫米左右），绣品和色及丝里处置精妙。""颜色现可辨：金褐、深棕褐、绛黄褐、淡黄褐、草绿、橄榄绿、墨绿、海蓝、深蓝、棕褐10种颜色。"她的工作，为我们留下了珍贵的历史资料。

5月10日，在王㐬的带领下，考古工作人员开始对捧真身菩萨座下的5件蹙金绣织物进行保护性整理工作。这5件蹙金绣织物分别是：绛红罗地蹙金绣拜垫、绛红罗地蹙金绣案裙、绛红罗地蹙金绣襕、绛红罗地蹙金绣袈裟、绛红罗地蹙金绣半臂。这是李唐皇室为捧真身菩萨特制的服饰。

这些丝织物上原覆盖有绵纸，最上一层衣上有霉变的白色斑点，第二层较轻，三至五层没有发现霉点，只是衣物的周边微微发黑。

由王亚蓉揭取。

　　当王㛃结束整理工作时，他突然站立不住，沿着工作台溜下去。幸亏在旁的人眼疾手快，从两边扶住了他。他长长地嘘出一声："总算是过得去了……"

　　消息传出，县里四五十名领导干部赶来，都要争先一睹大唐丝绸衣裙的庐山真面目。王㛃急切地摇动着那一双枯瘦的手，连声说："不行，不行啊。"因为按照丝绸文物整理的实际情况，这5件千年国宝，要尽快收藏，避风避光，恒温恒湿，是不允许参观的。当时，我恰好到了现场。我坚决制止，于是发生对立。王㛃一看我被围住，就说："大家排队，一人一秒看一眼。"他们排队顺次观看，王㛃就站在丝织物的案子边，看一个人又一个人走过，就像从他的心头上

○ 石函内的丝绸

踏过去。一秒、两秒，王矛度"秒"如年，他万般焦急地数着，合拳抱揖，央求快点、再快点，半小时过去了，王矛突然声泪俱下地恳求："各位领导，这几件珍宝像刚出生的孩子，一点也经不起这样的啊，我求求你们，我求求你们了！"

那一刻，我就站在王矛身边，他说的每一个字都像千斤巨锤敲击在我的心上。如今，王矛先生已经作古十多年，可他的声音依然响彻在我的耳边，他那一双枯瘦而灵巧的手总是浮现在我的眼前……

8 大唐宝库

法门寺塔地宫宝藏的发掘出土，是一次大唐王朝历史文化宝库的展示，是中国古代文明和经济社会发展的辉煌昭显，是中华民族的骄傲。

唐代皇帝供养佛指舍利的金银器、秘色瓷、丝绸织物、珠玉宝器等，各盛以精制木函，象征佛祖在香域宝地之大千世界之上。木函表面涂漆、描金绘彩，显得十分华贵；供奉佛祖真身指骨舍利的佛弟子微雕造像，形态端庄虔诚，制作精美，巧夺天工；盛放香料、珠玉宝器的檀香木宝函，银边包角，流光溢彩；以当时澳洲民族供奉的丁香、沉香、乳香、檀香为佛祖建造的金银须弥山及大千世界，山脉纵横，河流遍布，包罗万象，高深离奇，神妙莫测。

舍利宝函

地宫出土四个系列的宝函，分别安置四枚佛指舍利，其上錾刻丰富的密教坛场、造像等，庄严肃穆，这些珍贵的实物资料，对研究晚唐密宗的流布和发展有着极为重要的意义。

第一枚舍利位于地宫后室，贮于唐懿宗供奉的八重宝函内，套合装，均装填各种香料。最里层为金塔，金座银柱上安奉第一枚佛指舍利。

八重宝函由外向内第一重为银棱盝顶黑漆檀香木宝函。出土时已残破，函面以减地浮雕描金加彩工艺，饰释迦牟尼佛说法图、阿

○ 八重宝函外层的檀香木函残片錾刻的礼佛图

○ 八重宝函外层的檀香木函残片錾刻的说法图

弥陀佛极乐世界图、礼佛图。

　　第二重，鎏金四天王盝顶银宝函。钣金成型，纹饰鎏金。宝函
为正方体，前有司前，后有两个铰链与函盖相连；盖为盝顶，顶面
錾行龙两条，四周衬以流云，每侧斜刹均錾双龙戏珠，底衬卷草，
立沿各錾两只迦陵频伽鸟，鸟侧衬以海石榴与蔓草。函体四壁饰四
天王像，北方大圣毗沙门天王左手托塔，右手举剑；东方提头赖吒
天王，双手持剑；西方毗娄勒叉天王，左手持弓，右手执箭；南方

○ 八重宝函

第二重：通高23.5cm、边长20.2cm、重2699g
第三重：通高19.3cm、口径长宽17.5cm、函体长宽18.4cm、盝顶面长宽13.25cm、重1999g
第四重：通高16.2cm、口径边长14.8cm、底径15.8cm×15.6cm、盖边长10.4cm、重1666g
第五重：通高13.5cm、底径13.5cm、重973g
第六重：通高13.1cm、口径10.3cm×10.7cm、底径11.0cm×11.3cm、重910g
第七重：通高10.2cm、边长7.3cm、重1022.5g
第八重：通高7.1cm、槽边长4.8cm、塔座长宽4.8cm、垫板长宽5.4cm、重184g

毗娄博叉天王，左手拄剑，身侧侍立神将、夜叉多人。

第三重，素面盝顶银宝函。钣金成型，外壁抛光。盒体正方，盖作盝顶。盖与身以铰链相连，司前原有锁匙，以备开合。通体素净，宝函外有绛黄色绶带封系。

第四重，鎏金如来说法盝顶银宝函。钣金成型，纹饰鎏金，盝顶盖面上饰四只迦陵频伽鸟，中有十字三钴金刚杵，四角亦饰三钴杵，底衬蔓草，斜刹每边有凤鸟两只，立沿每面錾飞天两只。函体正面有释迦如来，四周有两菩萨、四弟子、二金刚力士、二供奉童子。佛像上侧还有捧盘飞天两只。函左侧为普贤菩萨，象座，周围有十六名小鬼、接引使者、金刚、沙弥。菩萨上部有徐徐散落的天花。函右侧为文殊菩萨，狮座，有小鬼、接引使者、天王、沙弥等共十九名。函后有戴帷帽的密宗大日如来像。佛前有供案，上置供物三品。佛周围有四尊菩萨，一弟子，一童子。佛首之上有华盖，身后有菩提树。

第五重，六臂如意轮观音纯金宝函。盝顶、盖面錾相向翱翔之双凤，四隅饰西番莲。斜刹每面饰一对鸳鸯，立沿錾两两相向飞翔的鸿雁，衬以蔓草。函体正面錾六臂如意轮观音，左右各侍跪四名使者、弟子，前跪两名执盘捧如意宝珠，另外六名皆作曲跪持念，其余三面为药师琉璃光佛、大日金轮、释迦牟尼佛主尊。

第六重，金筐宝钿珍珠装纯金盝顶宝函。通体以珍珠、宝石嵌饰，盝顶立沿作海棠花形。函体四壁以红绿宝石镶嵌成三重团花，间饰珍珠、金丝。

第七重，金筐宝钿珍珠装琺玖石盝顶宝函。盝顶棱边及函体四棱皆粘贴珍珠。函体每面中心嵌饰有金筐边缘的宝相团花一朵，有两重，内为四瓣绿松石，外为八瓣红宝石，盖立沿每面有金筐宝钿绿松石鸳鸯一对。

○ 金筐宝钿纯金宝函打开露出琺玖石函

○ 绿松石鸳鸯

　　第八重，宝珠顶单檐四门纯金塔。纯金铸成，由塔身、塔座和垫片三部分组成。塔身正方，宝珠顶，单檐，四角翘起。宝珠饰火焰纹，下有两重仰莲瓣衬托。檐柱上錾卷草纹。塔有四门，门周饰鱼子纹，门角处饰背分式流云纹。栏额及檐下均錾菱形纹饰。门下部有象征性踏步，塔座中心焊接一高2.8厘米、直径0.7厘米银柱，用以套置指骨舍利。座面饰阔叶海石榴，座侧饰莲瓣纹一周。

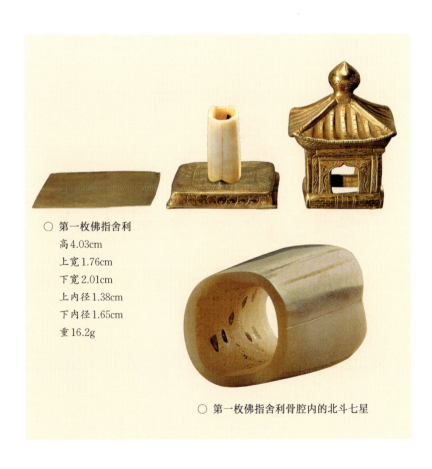

○ 第一枚佛指舍利
　高4.03cm
　上宽1.76cm
　下宽2.01cm
　上内径1.38cm
　下内径1.65cm
　重16.2g

○ 第一枚佛指舍利骨腔内的北斗七星

第二枚佛指舍利置于中室汉白玉灵帐内的铁函内。铁函内有鎏金双凤宝盖纹银棺一具，丝绸包裹。银棺系钣金成型，纹饰鎏金。棺盖为半弧形，前部錾饰莲台形华盖，其下有花结形绶带，中部以模拟如意云头为栏界，其内錾饰双凤衔绶带，棺盖内壁两端有凸棱台，与棺体扣合。棺体前挡，錾一双扇门，门扇錾饰锁和三排金钉；门上部有梯形楣额，下部饰以流云。两侧各侍立一脚踏莲花的菩萨，棺体两侧的前部各侍立一金刚力士，后挡则錾两只蹲狮，棺座与棺体焊接，中空，四壁錾火焰形门。棺内安奉第二枚佛指舍利。

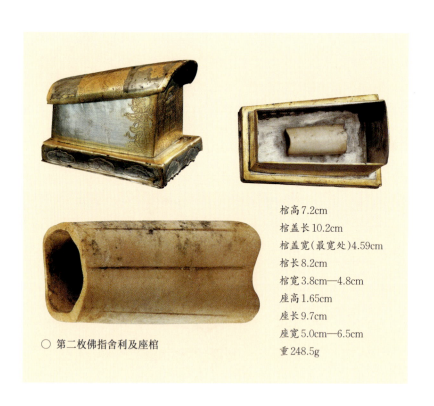

棺高7.2cm

棺盖长10.2cm

棺盖宽(最宽处)4.59cm

棺长8.2cm

棺宽3.8cm—4.8cm

座高1.65cm

座长9.7cm

座宽5.0cm—6.5cm

重248.5g

○ 第二枚佛指舍利及座棺

第三枚系佛祖真身舍利，贮于后室秘龛五重宝函内，外裹夹金织物。第一重是铁函，因锈蚀严重，纹饰不清。第二重是鎏金金刚界成身会曼荼罗银函，方形，无锁，无铰链。背面錾文"奉为皇帝敬造释迦牟尼佛真身宝函"，函底亦錾"大唐咸通十二年十月十六日，遗法弟子比丘智英敬造真身舍利宝函，永为供养"。顶面中台为大日如来造像，四方为金刚、宝、法、羯磨四波罗蜜，四隅为嬉、曼、歌、舞内四供养，围绕中台刻香、花、灯、涂外四供养，钩、索、锁、铃四摄，地、水、火、风四大神及四大明王，以三钴金刚杵及宝蔓草为界道。函体四面分别以阿閦佛、宝生佛、阿弥陀佛、不空成就佛为中心，各自有萨、王、爱、喜，宝、光、幢、笑，法、利、因、语，业、护、牙、拳四亲近菩萨供养。总共四十五尊，构

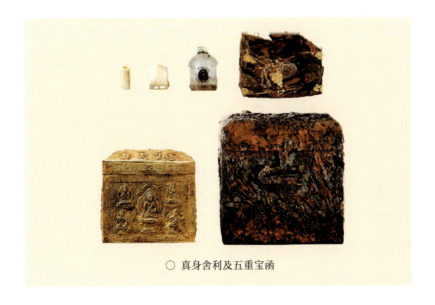

○ 真身舍利及五重宝函

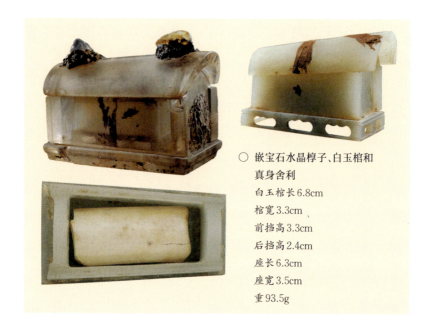

○ 嵌宝石水晶椁子、白玉棺和
真身舍利
白玉棺长6.8cm
棺宽3.3cm
前挡高3.3cm
后挡高2.4cm
座长6.3cm
座宽3.5cm
重93.5g

成金刚界成身会曼荼罗。第三重是银包角檀香木函。第四重是嵌宝石水晶椁子，盖顶嵌有黄、蓝宝石。第五重是白玉棺，佛祖释迦牟尼真身指骨舍利就安奉于白玉棺内。

第四枚佛指舍利置于彩绘四铺首汉白玉阿育王塔内，其塔由塔刹、塔盖、塔身、塔座四部分组成。塔刹为铜铸宝顶，塔盖为九级棱台，自上而下逐渐变大。每级棱台边刻如意云头二方连续纹一周，其三棱台由外向里收缩，台立沿亦饰如意云头纹一周。塔身四面，四角立柱，每面中心设门，门饰四排乳钉。门设司前、锁。每门两侧各侍菩萨一人，或持香花，或持宝珠，或作持诵状以承侍。塔座为须弥座，每面出束腰金刚力士三人，共十二人。座之棱台立面仍

○ 汉白玉阿育王塔
　　通高 76.5cm
　　盖边长 48cm
　　座边长 48cm
　　重 14600g

○ 塔内的铜浮屠
　　高 53.5cm
　　底座长 28.5cm
　　宽 28.5cm
　　重 7400g

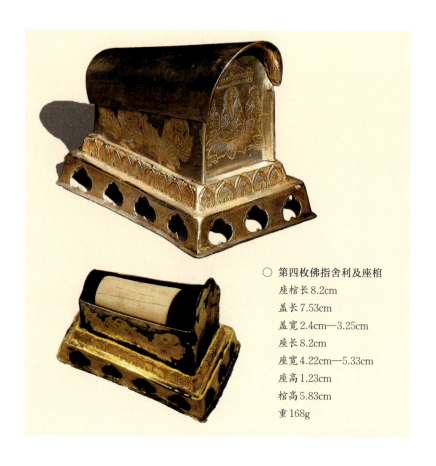

○ 第四枚佛指舍利及座棺
座棺长 8.2cm
盖长 7.53cm
盖宽 2.4cm—3.25cm
座长 8.2cm
座宽 4.22cm—5.33cm
座高 1.23cm
棺高 5.83cm
重 168g

饰流云纹一周。通体彩绘，富丽堂皇。塔内藏鎏金铜浮屠，模铸而成，塔刹高耸。相轮六盘，上有宝盖、圆光、仰月、宝珠。塔身斗拱严整。四门棂窗，勾栏焕丽。门列力士，柱蹲金狮，阶墀精致巧妙。

鎏金铜浮屠内藏红锦包，包内藏鎏金迦陵频伽纹壸门座银棺，纹饰鎏金，饰迦陵频伽纹，内安奉第四枚佛指舍利。

金银器

唐代金银器因其制作精美，质地贵重，传世或出土稀少而特别珍贵。法门寺地宫出土金银器121件（组），均系皇室为求得"圣寿万春，圣枝万叶，八荒来服，四海无波"之神圣目的而供奉给佛祖的重器。这批皇室系列器物数量大、品类多、等级高、新器型多，成组配套，产地明确，制作年代翔实，为研究唐代历史及佛教文化提供了崭新的资料。特别是在茶具中出现了许多前所未见的新器型，为我们研究唐代茶道提供了重要的实物资料。

这批金银器按其用途可分为供养器、法器和佛事生活用具三类。其中生活用具出土数量最大，共76件，占金银器总数的62.8%。

唐代的金银器打造分为"官作""行作"两类，而以"官作"为主，"行作"为金银行工匠制作，质量较"官作"要差。唐代"官作"金银手工业隶属于少府监。李唐皇室使用的金银器大部分应是由少府监中尚署管辖下的金银作坊院生产的，而法门寺地宫出土的金银器多为文思院所作。

文思院创建于唐宣宗大中八年（854年），是继"金银作坊院"后又一家专给皇室打造金银器物的作坊院。法门寺地宫所出的文思院造金银器，是已发现的最早的文思院产品，也是研究文思院创建历史的重要实物资料。

法门寺地宫出土的金银器多有铭文。有的从所刻铭文可以看出该器物的来源和制作地点。例如：鎏金双狮纹菱弧形圈足银盒，盒底刻铭文"进奉延庆节金花陆寸方盒壹具重贰拾两江南西道都团练观察处置等使臣李进"，这件银盒应是咸通九年（868年）至十一年（870年）之间，由江南西道都团练观察处置等使兼洪州刺史李騭进奉给懿宗的，其制作地点应是江南西道的治所洪州（今江西省南昌市）；鎏金镂空飞鸿毬路纹银笼子，底部刻铭文"桂管臣李杆进"六个字，应是在桂管经略使治所桂州（今广西壮族自治区桂林市）制造的；鎏金鸳鸯团花纹银盆，盆底錾刻"浙西"二字，应是浙江西道润州（今江苏省镇江市）的产品，可能是朝廷向浙西宣索来的。

另外，还应当看到这样一个事实：法门寺地宫金银器中的大量佛教用品还有相当一部分抑或来自民间。如盛放佛骨的多重宝函、捧真身菩萨等一些没有錾刻铭文的金银器。晚唐各地民间金银作坊兴盛，可以想象晚唐时期长安地区民间也存在着相当数量的金银作坊，并且具有较高的金银制作技术。

供养器

在法门寺地宫中，唐王朝用大量金银器以佛教密宗最高仪轨供养佛祖指骨舍利，其中包括灌顶、供香、供花、供食、燃灯等。香、花、灯、果、涂、茶、食、宝、珠、衣是佛教的十大供养。唐王朝以此为供，以表示其持戒、忍辱、精进、智慧、布施等多种意义。地宫出土的大量供养器，是唐代礼佛仪典的真实反映。

银芙蕖一对两件　芙蕖即莲花，佛教密宗的十大供养之一，佛典中以莲花为往生之所托，又被视为报身佛之净土，故在佛前多供养此花。花叶用薄银箔做成，是唐代金银工艺品的佳作。这枝芙蕖以银筋为茎、座，以银箔为花叶，主茎顶端有以莲蓬为蕊的芙蕖一朵，内外三层，共十六瓣。主茎中部分出三枝茎，其一为莲蕾，其余为翻卷的荷叶。

○ 银芙蕖
通高41cm
重535g

素面银灯　钣金成型。由灯盏、灯台组成。灯盏呈钵形，口沿外折，弧壁，深腹，圈底。口沿处立焊一高2.7厘米的四棱攒尖捉手。灯台上部为盏托，下有圈足，盏托形制与灯盏相同，无口沿，可与灯盏套合，底部有一宽3.2厘米、深2.1厘米的凸头与圈足焊接；圈足上部为一半弧形凸棱，其下为两层棱台，棱台的立壁内弧，再下为立座足沿。通体光素，外壁抛光，内壁打磨。

○ 素面银灯
通高20.3cm
口径16cm
盏深6.3cm
足高9.7cm
足径12cm
重925g

香炉四件　香炉，亦作熏炉、火炉，为大乘比丘十八物之一，亦为佛前或坛前的三具足、五具足之一，是佛事六供或十供常用的首要供具，又是密教修法必用之法器。地宫所陈置之四件香炉为如下四种。

鎏金卧龟莲花纹五足朵带银香（熏）炉及炉台　此炉置地宫后室最中部，钣金成型，通体鎏金。由炉身、炉盖组成。盖沿宽平下折，可与炉身口沿相扣合，沿面錾饰背分式忍冬纹。盖面高隆，底缘饰一周莲瓣纹，上有五朵莲花，花蔓相互缠绕，每朵莲花上卧有一龟，龟回首，口衔瑞草，盖纽呈莲蕾状，以两重仰莲瓣相托，下层莲瓣镂空，便于香气溢出。炉身为直口，平折沿，方唇，深腹，

○ 鎏金卧龟莲花纹五足朵带银香(熏)炉及炉台

通高 29.5cm

总重 6408g

炉台高 20.8cm

口径 43.5cm

重 8970g

平底。腹壁饰流云纹，并铆接五只独角天龙兽足，足浇铸而成，有四趾。兽足之间的腹部有以销钉套接花结组合的朵带。香炉下带炉台，台面为双凤衔瑞草纹，下有五足朵带，与香炉五足朵带相似。炉底錾铭："咸通十年文思院造八寸银金花香炉一具，并盘及朵带环子，全共重三百八十两……"此炉造型特点，为龟首人面，意谓人寿长如龟寿，口衔花草，如同常见鹤衔仙草意义一样。莲瓣即表清净，香由此出，即清净戒香，精进上溢之意。

　　鎏金象首金刚镂孔五足朵带铜香炉　通体表面鎏金，由炉盖、炉身组成，盖、身设子母扣开合。盖面镂空，盖顶仰莲蕾上跪一人身象首金刚，金刚身披绫带，双手合捧一宝珠，为密教造像。炉身器沿为外曲五瓣莲口，下有兽面饰五足。此炉置中室汉白玉灵帐前。

○ 鎏金象首金刚镂孔五足朵带铜香炉
通高48.1cm
口径25cm
重8470g

足间有铺首衔环，透雕炉盖，象首天人，象鼻平伸下卷，着天衣、戴项圈、披帛等，右手捧宝珠，左手承右手下，跪于莲蕾之上。

鎏金鸿雁纹壶门座五环圈足银香炉　此炉置后室东北侧。钣金成型，纹饰涂金。由炉盘、炉座焊接而成。炉盘敞口，平折沿。斜腹壁，平底，腹壁分五瓣，每一瓣心铆接一兽面铺首，口衔环耳，下套一圆环，瓣间饰忍冬纹。炉座呈覆盆形，小直口，肩部有一覆莲瓣，腹壁有五个镂空壶门，壶门之间錾饰一只引颈翱翔鸿雁，衬以蔓草，鱼子纹底，足沿錾一周莲瓣纹，内饰蔓草。炉底錾铭："五十两，臣张宗礼进。"

○ 鎏金鸿雁纹壶门座五环圈足银香炉
通高15.1cm
口径24cm
底径25.5cm
重1300g

长柄银手炉　炉呈高圈足杯状，卷沿，平底，束腰，深腹。柄为如意云头曲折状，柄下錾铭："咸通十三年文思院造银白成手炉一枚，并香宝子共重十二两五钱。打造都知臣武敬容，判官高品臣、刘虔诣，副使高品臣、高师厚，使臣弘悫。"

○ 长柄银手炉
通长45.5cm
重415.5g

香囊两件　均为鎏金银质，一大一小。大香囊饰双蛾纹，小者饰四只鸿雁。二者构造相同，以两半球扣合构成囊体。囊内铆接二持平环和香盂，持平环之间及内环与香盂之间成直角相互支撑，使香盂保持平衡。囊体镂空，供香气溢出。

○ 香囊子母扣特写

○ 香囊
　　大者直径12.8cm，重547g
　　小者直径5.48cm，重92.2g

○ 香囊内之持平环

○ 小香囊打开图

素面银香案　银制，钣金成型，通体光素。案面为长方形，两端翘起并外卷，两足外弧，其间两侧各接一撑。

○ 素面银香案
案高 10.5cm
案面长 15.5cm
宽 9.5cm
两足间距 16.6cm
重 605.5g

鎏金仰莲瓣荷叶圈足阏伽水碗两件　形制相同，皆模冲成型，纹饰鎏金，敞口，腹壁斜收，平底，卷荷叶形圈足。碗壁模冲两层莲瓣，错置排列，瓣尖自然形成口沿。圈足为翻卷荷叶，外錾叶脉。圈足底錾文"衙内都虞候兼押衙、监察御史安淑布施，永为供养"，内足壁墨书之"𑖡𑖿"（吼）字，系密教咒语。此二水碗与四阏伽瓶同为智慧轮所供，《物帐碑》称之为阏伽水碗。阏伽水碗为供净水之具。

臂钏　据《物帐碑》记载，地宫出土六件臂钏，分为两种形制：第一种四件，皆镯形，银质鎏金。钏面錾饰三钴金刚杵六枚，底衬蔓草，鱼子纹底，内平外隆凸。内径9.2厘米，外径11厘米，重128克至146克。第二种两件，较为特殊，镯形，银质鎏金，钏面外凸，

◎ 鎏金仰莲瓣荷叶圈足阏伽水碗
　　通高8cm
　　口径16cm
　　足径11.2cm
　　重223g

◎ 银臂钏

◎ 鎏金三钴杵纹银臂钏
　　外径10.8cm
　　宽1.18cm
　　厚0.3cm
　　钏面径4.6cm
　　面高2.8cm
　　重216.5g

似半圆球状，为仰莲座流云纹，顶上饰羯磨金刚杵纹，中心有凸起圆珠。钏体面饰五组三钴杵纹，间以蔓草纹，鱼子纹为底，内壁光素。臂钏为阿阇黎修法用具之一，也是密教造像中的八庄严之一。《佛说造像量度经解》说："五部等报身佛相，以八件宝饰为庄严。何者为八件？一、宝冠，即五佛冠也；二、耳环；三、项圈；四、大璎珞；五、手钏及手镯；六、脚镯；七、珍珠络腋；八、宝带也，谓之大饰。耳垂上前临优波罗华，冠左右下垂宝带，脚镯上围绕碎铃戒指等，谓之小饰。"手钏即臂钏。

　　银阏伽瓶四件　钣金成型，纹饰鎏金，盘口，细颈，圆腹，圈足，颈底饰如意云头纹，肩部焊接长度7.2厘米的流，腹部錾饰四个简化莲瓣纹圈成的四曲规范圆形，其内錾十字三钴金刚杵纹，圆范之间以二重弦纹连接，腹下部錾一周八瓣仰莲，莲瓣间饰立三钴金刚杵。圈足呈喇叭形，与腹底焊接，上沿凸出一周椭圆形棱，棱上錾饰蒂状双环纹，棱沿之下为一周覆莲瓣，莲瓣间倒置三钴金刚杵。圈足底沿外翻，沿面饰一周水波纹，四瓶均为晚唐密教大师智慧轮施，圈足内分别墨书"东""南""西""北"。

　　阏伽（梵argha），音译为阿伽、遏伽、遏阏伽，意为净水，为密教必备六供之一。密教六供，即香、花、灯、涂、饮食、阏伽六种。一般系随佛部、莲华部、金刚部等所供奉之本尊及修法目的，如息灾、增益、降伏等，乃至修法所祈望达到的上、中、下三种悉地之不同，其供物随之而异。三部皆持净水，故仅阏伽一项，三部相同。智慧轮大师所供奉的四阏伽瓶，为唐密供具，又是唐密法器，

○ 银阏伽瓶

通高 19.8cm

重 659.5g

为布坛结界用。

四个阏伽瓶位于地宫后室四角，盘口琉璃瓶位于中央，八棱净水瓶在中室门口处，引为密教灌顶加持仪轨。后室五瓶形成大坛，表五佛五智、五部之义。中室一瓶供行者出入时洒净其身。六瓶香水均为灌顶所用。

法器

寺院的法器常见的有香炉、金鼎、云板、云鼓、欢门、金幢、宝盖、幡、长明灯、香案、具供、蒲团、钟、磬、木鱼、铙、钹、钲、铃等数十种。在法门寺地宫，唐王朝为佛祖设置坛场、法器，以行佛道。出土的锡杖、钵盂、如意等均属此意。

锡杖类

地宫唐密法器，可以锡杖为代表。

锡杖，即比丘行路时应携带之道具。原用于驱赶毒蛇害虫等，或乞食时振动锡杖，使人远闻即知。律许老比丘持杖扶身，后世则成为法器之一。地宫出土的锡杖有下面三种。

纯金单轮十二环锡杖　通体用纯金制，杖杆为圆形，顶部有桃形轮杖首。轮心杖端，刻结跏趺坐于莲座上的坐佛，有背光。杖为宝珠形，轮顶为仰莲座智慧珠，轮身各套有直径2.2厘米、厚0.2厘米的六枚锡环。此小金锡杖为修法时所用。从其纯金用料及图饰看，应是文思院所造，可能是唐懿宗敕命文思院为舍利供养法会大阿阇黎使用而造。与长柄银手炉一样，是唐懿宗在迎送佛指舍利做法会时，献给智慧轮大阿阇黎或大兴善寺其他主法大阿阇黎所使用的。纯金单轮十二环纯金锡杖，属迦叶佛。

鎏金单轮六环铜锡杖　铜质鎏金，杖头为二重仰莲座承智慧宝珠，二股顶部有智慧宝珠，二股各套装三个铜环，环直径11.7厘米。杖柄原为三段，中间一段以木杆套接，已朽，现仅存两段铜质。杖头之规格比之日本正仓院藏二股六环白铜头锡杖，其体量仍大于正仓院所藏。鎏金单轮六环铜锡杖，属地藏菩萨。

迎真身银金花双轮十二环锡杖　银质鎏金。股侧铭刻："文思院准咸通十四年三月廿三日敕令造迎真身银金花十二环锡杖一枚，并金共重六十两，内金重二两，五十八两银，打造匠臣安淑郧，判官赐紫金鱼袋臣王全护，副使小供奉官臣虔诣，使左监门卫将军臣弘悫。"

杖头作双轮四股十二环，四股以银条盘曲而成，每股套装雕花银环三枚，银环外径6.7厘米，厚0.2厘米，内径4.8厘米，四股顶部有两重束腰莲座，上承一智慧宝珠。杖首以五钴金刚杵连接两体仰莲宝座，上部为二重束腰仰莲承智慧宝珠，下部饰忍冬花、流云纹，仰莲瓣承五钴杵及整个杵首。杖柄中空，錾饰两段不同纹饰，上段自上而下精细錾刻身披袈裟、手持铃铎、立于莲台之上、有头光的十二位圆觉菩萨，下段饰两栏海棠与团花纹样。作扁平球形，细饰一周覆莲瓣纹。通体辉煌，古今罕有其匹。整体造型精美绝伦，比现藏日本正仓院、被称为"锡杖之王"的白铜头锡杖等级更高，形制更为宏伟，工艺更显精巧。此锡杖与地宫金钵盂，都是文思院为

○ 纯金单轮十二环锡杖

　总长27.6cm

　杖杆长25cm

　最大直径0.6cm

　总重211g

○ 鎏金单轮六环铜锡杖

　总长105.5cm

　重3412.5g

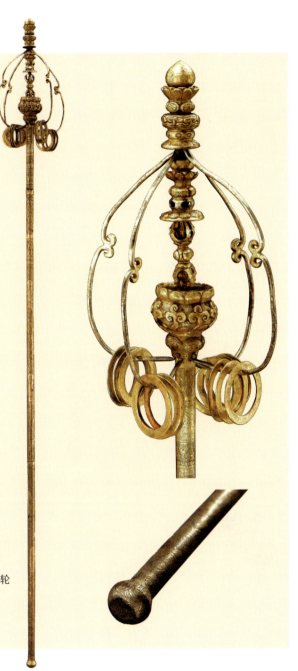

○ 迎真身银金花双轮
   十二环锡杖
   总长196.5cm
   重2390g

迎真身奉敕令打造的。在形制、等级、工艺等方面都堪称佛门奇宝，是当之无愧的世界锡杖之王。迎真身银金花双轮十二环锡杖，属佛祖释迦牟尼，是佛教世界最高权威的象征。

如意

如意为说法及法会之际法师所持之法器，犹如官吏之笏，用以备忘。

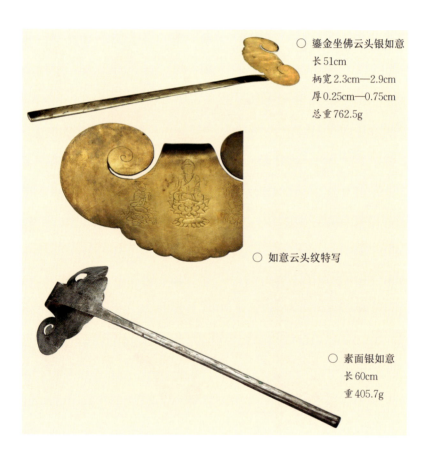

○ **鎏金坐佛云头银如意**
长 51cm
柄宽 2.3cm—2.9cm
厚 0.25cm—0.75cm
总重 762.5g

○ **如意云头纹特写**

○ **素面银如意**
长 60cm
重 405.7g

此原为印度古时之爪杖，由骨、角、竹、木等所制，乃搔痒止痛之用，以其能补手不能到之处，故称如意。然在我国及日本，又成为一般之持物，表示吉祥之意。

鎏金坐佛云头银如意　钣金成型，顶端为鎏金如意云头。云头宽16.1厘米，面正中錾一佛，结跏趺坐于仰莲台之上，佛两侧侍二弟子，面佛，半跪于莲台上。柄扁长、中空。

素面银如意　有如意云头。

钵盂类

钵系梵语钵和罗之略称，又作钵盂，乃僧尼所常持道具，一般作为食器。圆形，稍扁，底平，口略小，其材料、颜色、大小均有定制，出家之行者必用定制之钵。钵之材料，如为铁制，则称铁钵；陶土制者，则称瓦钵、泥钵、土钵。其容量亦因名称而异，有上钵、中钵、下钵之分。

迦陵频伽纹金钵盂　模铸成型，直口微敛，方唇，腹壁斜收，平底。通体錾花，口缘饰一周联珠纹。缘口内壁饰一周二方连续卷草，腹壁錾饰四只捧莲迦陵频伽鸟，衬以缠枝蔓草，口缘外饰二方连续缠枝蔓草，近底部饰一周仰莲瓣。

鎏金团花银钵盂　圆唇，直口，鼓腹，圆底，口沿饰莲瓣纹，钵外底錾饰团花一朵，外壁围饰五朵团花。

迎真身素面纯金钵盂　通体光素，口沿錾铭："文思院准咸通十四年三月廿三日敕令造迎真身金钵盂一枚，重一十四两三钱，打造小都知臣刘维钊，判官赐紫金鱼袋臣王全护，副使小供奉官臣虔诣，

○ 迦陵频伽纹金钵盂

高 3.3cm

口径 9.4cm

重 161.5g

○ 鎏金团花银钵盂

高 3.3cm

口径 8cm

重 110g

○ 鎏金团花小银钵盂

高 3.3cm

口径 9.1cm

重 82g

○ 迎真身素面纯金钵盂

高 7.2cm

口径 21.1cm

重 573g

使左监门卫将军臣弘悫。"

鎏金团花小银钵盂　直口深腹，圆底钵外中心有团花一朵，钵腹有变团花一朵，口沿装饰莲瓣一株，纹饰鎏金。

佛事生活用具

地宫出土的佛事生活用具，包括容器、食器、浴佛器等类，工艺高超，器型和纹饰、图像等内容丰富，形态万千，为侍佛供养之大千世界。

容器

鎏金双凤衔绶带御前赐银方盒　钣金成型，纹饰鎏金。盒体呈扁方形，直壁、浅腹、平底，矮圈足。盖、身上下对称，以子母口扣合，盖面边沿饰莲瓣一周，中心为口衔绶带相对翱翔的双凤团花，角隅錾十字绶带花结纹样，盒侧上下散点团花，盒底内外有同心圆旋痕。圈足与盒身焊接。盖面墨书"随真身御前赐"六字。

鎏金双狮纹菱弧形圈足银盒　钣金成型，纹饰鎏金。盒体呈菱弧状，直壁、浅腹、平底，喇叭形圈足。上下对称，以子母口扣合。饰一周莲瓣，盖面内以联珠组成一个菱形，与周边呈相斗布局。内菱形中部錾两只腾跃的狮子，四周衬以莲与缠枝蔓草，内外菱形的角隅饰背分式西番莲纹样，腹壁上下均錾二方连续的莲叶蔓草，圈足饰一周简莲瓣。

素面委角圈足银盒　钣金成型，通体光素。盝顶盖，盖刹四周有凹棱，盖沿有宽0.3厘米的小平沿，直壁、浅腹、平底，圈足。

○ 鎏金双凤衔绶带御前赐银方盒

通高9.5cm

口径21.5cm

圈足高1.7cm

足径18cm

总重1585g

○ 鎏金双狮纹菱弧形圈足银盒

通高12cm

口径17.3cm×16.8cm

圈足高2.4cm

足径14.8cm×13.8cm

总重799g

○ 银盒顶面双狮纹图

○ 素面委角圈足银盒
　通高 9.7cm
　长 17.3cm
　宽 11.9cm
　总重 605.5g

○ 素面圈足圆银盒
　通高 9.8cm
　直径 18.4cm
　圈足高 2.1cm
　足径 15.2cm
　总重 816.5g

○ 鎏金双鸿纹海棠形银粉盒
　通高 2cm
　长 5.1cm
　宽 3.6cm
　总重 20g

○ 十字三钻杵铜盒
　通高 5.1cm
　径 10.4cm
　总重 196.5g

素面圈足圆银盒　钣金成型，直壁，浅腹，平底，圈足。盖面及盖底均有旋削痕迹，中心有顶眼，通体素净，外壁抛光。

鎏金双鸿纹海棠形银粉盒　钣金成型，纹饰模冲。盒体呈海棠形，盖面隆起，模冲出一对首尾相对，振翅飞翔的鸿雁。

十字三钴杵铜盒　钣金成型，纹饰錾刻，盖与身上下对称。盖面錾刻成交叉十字的三钴金刚杵纹样，通体绿锈。

食器

鎏金十字折枝花小银碟二十件　钣金成型，纹饰涂金，有带圈足或无圈足之区别。五瓣葵口，浅腹。碟心有阔叶团花一朵，每瓣有十字形折枝花一朵。

盘圆座葵口小银碟三件　五曲葵口，平底，浅腹。碟座以银筋盘曲成螺旋形圆座。

鎏金带盖卷荷圈足银羹碗子　浇铸成型，纹饰鎏金，由盖、碗子、碗托三部分组成。盖呈半球状，有莲蕾形纽，纽座为七瓣梅花，盖面饰镂空如意云头四朵，盖沿直立。碗子素净，平宽折沿，弧腹，圆底。碗托与圈足焊接，托外为模冲的双层仰莲瓣，圈足饰叶脉，

平底:高1.4cm
　　径10.2cm
　　重120g
圈足:高1.9cm
　　径10cm
　　重130g

○ 鎏金十字折枝花小银碟

○ 盘圆座葵口小银碟
　　高5.8cm
　　径8.7cm
　　重82g

通高9.8cm
盖高4.5cm
盖径7.1cm
碗径6.65cm
深2.4cm
足高2.7cm
足径8cm
总重213.5g

○ 鎏金带盖卷荷圈足银羹碗子

呈卷荷状。

浴佛器

鎏金鸳鸯团花纹双耳大银盆 浇铸成型，花纹錾刻，纹饰鎏金，鱼子纹底。盆为葵瓣形，侈口，圆唇，斜腹，矮圈足。盆口錾一周莲纹。盆壁分为四瓣，每瓣錾两个阔叶石榴团花，团花中有一只鼓翼鸳鸯立于仰莲座上。两两相对，衬以流云和三角阔叶纹，盆腹内外花纹雷同。盆底类似浅浮雕，雕一对以嬉戏鸳鸯为中心的阔叶石榴大花。盆外两侧各铆接两个额刻"王"字的天龙铺首，口衔饰有海棠花的圆环，环上提耳，圈足微外侈，外饰二十四朵莲花。这是迄今发现的唐代最大最重的鎏金银盆。

此为浴佛盥洗用器，唐僖宗供养。造型浑重，纹饰华丽。外底錾有"浙西"二字铭文。此器制作运用了模冲、錾刻、锻铆、焊接等数种工艺，是研究晚唐金银器制作工艺的珍贵实物资料。其平整规范和底部内凸外凹的效果，渗透着萨珊波斯的制造风格。

学术界普遍认为，我国唐代的金银器是在吸收、消化萨珊波斯金银制作工艺技法和装饰纹样的基础上发展起来的。法门寺地宫出土的121件（组）金银器是继西安何家村之后的又一重大发现，其重要性在许多方面远远超过了前者。这批体现帝王崇佛心态，又高度佛教化了的金银艺术精品，在吸收、消化波斯技法的基础上又有了突破性的发展。其铆钉、鎏金、焊接、铰口工艺技术已相当精湛，特别是钣金、錾花、镂空、模冲尤其技高一筹。在世界古代文明史上，法门寺地宫金银器与波斯风格金银器可谓交相辉映，各显神奇。

通高14.5cm
口径46cm
足高2.5cm
足径28.5cm
壁厚0.6cm
总重6265g

○ 鎏金鸳鸯团花纹双耳大银盆

○ 银盆内底图案

秘色瓷

最早在诗文中言及"秘瓷"的人，是距今1100多年前的唐代诗人陆龟蒙。陆氏七言绝句《秘色越器》诗云：

九秋风露越窑开，

夺得千峰翠色来。

好向中宵盛沆瀣，

共嵇中散斗遗杯。

从诗的命题和诗句中可清楚地知道：晚唐时期已有秘色瓷，且由越窑烧造。其瓷色是青釉色泽，宛如郁郁葱葱的"千峰翠色"。

陆氏卒于公元881年，距懿、僖二宗咸通十四年（873年）迎奉法门寺佛指、以秘色瓷等供养，时间间隔七年左右。因而此诗属于当时人写当时事，比较可信。

秘色瓷向来比较神秘，在史书中都提到其"为供奉之物，臣庶不得用之，故云'秘色'"。而且此前的考古发掘中没有明确的秘色瓷出土，所以秘色瓷究竟是怎么样的，一直没有答案，就连资料和研究都具有权威性的《中国陶瓷史》对此亦不敢涉及。

法门寺秘色瓷的出土，为世人解开了长久以来的谜团，同时纠

○ 五瓣葵口内凹底秘色瓷盘

○ 五瓣花口秘色瓷盘

○ 侈口秘色瓷碗

○ 五瓣葵口秘色瓷碟

正了史书上记载的在五代时才烧造的误说。

法门寺出土的13件秘色瓷呈现出两种不同的釉色，除两件髹漆平脱瓷碗为青黄色外，其余均为青绿、湖绿色。器型规整，釉色纯正，制作精致。整件器物犹如湖水般清亮净洁，宛若天成。

秘色瓷碗五件　分两种。一为侈口，平折沿，尖唇，斜腹；另一为侈口，五曲口沿，色青灰。

银棱平脱秘瓷碗两件　侈口，平折沿，尖唇，腹壁斜收，平底内凹，胎较厚，内施黄釉。碗外壁青黑漆地上有金银平脱鎏金鸾鸟纹和银团花纹五朵，而且在芒口和底足上镶嵌有银棱扣饰。

○ 银棱平脱秘瓷碗

○ 银棱平脱秘瓷碗底面图

盘子、碟子六件　分三式。一为敞口，口沿作五曲莲瓣，斜腹，平而内凹，青黄色底外有支烧痕；一为侈口，口沿五曲，腹壁向里凹，青灰色釉；一为侈口折沿，口沿五曲，腹壁斜收，曲口下起凸棱。

这些秘色瓷胎骨作浅灰色，颗粒均匀纯净，在上釉前均经细磨，表面无饰。有的秘色瓷，以绘有美女的极薄纸张包裹，然后叠起放置于漆盒之内，因包裹纸粘贴于器外壁，天长日久，竟然留下了唐代仕女图。但凡有葵瓣形的五曲口沿，必在曲口下壁压出棱纹装饰。其中11件全是青色釉。所谓"青色"，意即"海水青色"，唐代诗人许浑所称的"越瓶秋水澄"，算是较为近似的类比。

认真观察13件唐代秘色瓷器，除种类、造型、装饰上有各自的特点，在釉色和烧制上亦有不同，总体来看，则存在同一窑口的共同特点。大体归纳如下：

器胎的特色　13件秘色瓷中，11件青釉器可由支烧痕与半透明青釉下看到器胎的特征。仅两件银棱金银平脱鸾鸟纹碗，口沿和底足露胎部位被所镶银棱遮住。出土时，髹漆金银平脱纹饰保存完好，但口都和足部的银棱装饰有松脱现象。透过松脱的缝隙，尚可隐约见到器胎。观察结果，所有秘瓷的器胎均呈淡灰色，或可称灰白色。胎质都很细腻和致密，其表面很少见到气孔，也不见大颗粒状掺和物和铁质颗粒，胎质已细密纯净，在胎和釉之间没有饰化妆土。瓷胎的这些特征，表明制作这批秘色瓷的坯体泥料都曾经过相当严格和考究的备制工艺过程。胎土经过了粉碎和淘洗，亦经过了精心的

○ 秘色瓷碗外壁残留的仕女图

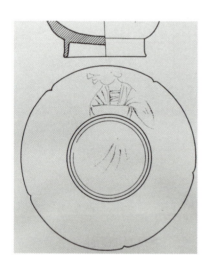

○ 仕女线图

陈腐和捏练。从胎质和胎色看，与晚唐时期的越窑器相似，而与同时期其他烧制青瓷的各窑口相比差距很大，体现出晚唐越窑青瓷工艺的新水平。

器釉的特色　除两口镶银棱碗器内施黄釉，器外饰金银平脱，髹漆平脱之下施釉与否不详，其余秘色瓷均饰青釉。施釉的方法采用器内器外通体满釉工艺。以两件同型葵口碗为例，通体施满釉，连外底与足内外壁均有青釉。所有的器物釉层均匀，釉面光滑明净，釉质晶莹滋润。13件青釉秘色瓷的色调和色度不完全一致。最好的色釉呈翠青色，色调鲜亮清新，在滋润中露出半透明状的精光，与一般越窑青釉滋润但透明度弱的特点不同。稍有逊色的色釉，呈青黄色或翠青中略泛点微灰。这几种色釉的釉质全都精细且晶莹滋润，表明晚唐时期越窑在釉药配方的研制和试烧方面，曾经进行过大胆的革新和创造。

装烧工艺的特色　这13件秘色瓷的釉面都很光洁，仅个别器底在支烧痕内有缩釉现象。坯件装烧时都使用了匣钵。装烧时采用的是每一坯件均单独放入一个匣钵之中，使用叠装匣钵柱单件烧的方法烧成。这是晚唐时期越窑为烧造精细瓷器创造的一种新的装烧方法。也有些器物外底部明显地留有一圈或两圈多点状米粒钉支烧痕迹，这是由于这些秘色瓷均采用正装仰烧法制成。这种烧痕外观显示装烧坯件采用的支烧具绝非唐代黄堡窑的三角形支垫，而是唐代越窑中所采用的多齿形支烧圈，或者是单柱形支烧泥条。此两种支烧方法，均是唐代越窑装烧工艺的特点。

○ 碗底支烧痕迹

　　地宫唐秘色瓷的出土，不仅证实了陆龟蒙和徐寅等晚唐诗人和宋人周辉、陆游、赵彦卫等人诗文记载的可靠，艺术描绘的准确和优美，更重要的是为中国古陶瓷的研究提供了一批确切无疑的唐代秘色瓷的实物资料，使历史上千年的空白得到填补。

　　根据法门寺唐代地宫咸通十五年（874年）《物帐碑》"瓷秘色碗七口，内二口银棱。瓷秘色盘子、叠（碟）子，共六枚"的文字记载，是镌刻在迎"真身到内后"唐懿宗"恩赐"的物品行列，而不在唐僖宗"新恩赐"的物品之内。因此，其制作的确切年代应该是唐懿宗迎佛真身到大内供奉的咸通十四年（873年）之前。此时，距李唐王朝灭亡的906年，最少尚有33年时间。在如此长的时间内，越窑自能生产出为数不少，甚至质量更高的秘色瓷来贡奉朝廷。而且，晚唐末期，各地的割据势力迅速膨胀，秘色瓷对这些新贵来说，亦应是"末俗尚靡，不贵金玉而贵铜磁"的猎取对象。因此，在这30多年的时间里，社会上还应存在着一些尚不为人所识的秘色瓷流传或日后由地下出土。由于法门寺出土的这13件"瓷秘色"被确定，它们就成为一批确切无疑的唐代秘色瓷标准器，而且还能按这些标准器寻找出一些以往未曾被人们认识的晚唐五代秘色瓷。例如：按此标准，一些研究越窑的专家首先指出，另一件也在法门寺唐代地宫中出土但在《物帐碑》中不见记载的青瓷八棱净水瓶也应该是唐秘色瓷。其理由是曾在上林湖设置的官窑遗址中采集到同样造型的青瓷标本，而且该净水瓶除去瓷釉有开片外，其他胎、釉和生产工艺特征都与标明"瓷秘色"的13件原器大体相似。

法门寺出土的两件银棱平脱秘瓷碗，就是《物帐碑》里说的"二口银棱"，文献上虽有"平脱碟子"的记载，但从未看到过实物，日本奈良正仓院收藏的我国唐代金银平脱数量虽多，但无外乎铜镜、木琴、皮箱之类，并未看到平脱瓷器，因此这两件银棱平脱秘瓷碗极为珍贵，它为中国瓷器制造业五代以降所采用的金银扣和金银装饰找到了源头。

中国古代的瓷器，从原始青瓷发明时开始，直到唐代在大江南北普遍进行烧造时，所注重的多是瓷釉和施釉方法的改进。因为中华文化自古崇尚玉器，《说文》称玉为："石之美者，有五德。"《诗经·秦风·小戎》曰："言念君子，温其如玉。"所以对青、黑、白

○ 八棱净水瓶

高 21.5cm

口径 2.2cm

肩颈 11cm

釉各种瓷器的生产，均以其瓷釉可否达到润玉的效果为其评价的重
要标准。同时，社会的上层统治者又追求对金银器的索求。《史记·
孝武本纪》曾记载了方士李少君对汉武帝说的话："黄金成以为饮食
器则益寿。"表明早在汉代，皇室里就希望多使用金银器具。到了唐
代，仍然一样。但是，以往统治者的这种对玉的崇尚和对金银的追
求，很难在同一器物上取得两全。法门寺出土的两件银棱平脱秘瓷
碗，正是高技能匠师将金和银装饰在如冰似玉的青瓷器上的一种创
新。从此，以金银来装饰瓷器就成了各时代高档瓷器生产的一种时
尚追求。例如，五代秘瓷的贴金，元明瓷器的戗金彩和描金，清代
的亮金、磨光金等金银装饰，以及五代和两宋所使用的金银扣装饰
工艺等。这些瓷器的金银装饰，虽时代不同，采用的工艺和装饰手
法也有异，但追踪溯源，这两件银棱平脱秘瓷碗，则是目前发现的
最早的金银装饰瓷器。

琉璃器

在庞大的皇室供奉宝器中，有一玻璃器系列，地宫《物帐碑》
记载为"琉璃"供物。从历史文献看，我国是世界上生产琉璃器最
早的国家之一，在西周时已使用料器，至汉代有很大进步，但远未
达到成熟阶段，反而有对"西方之国"出产琉璃的记载和赞誉。

法门寺出土的琉璃器系列共20件，除茶托、茶盏为我国唐代所

产外，其余18件均为享誉世界的舶来品——唐代传入中国的东罗马和伊斯兰的琉璃器。

古代琉璃又作"流离（璃）"，多指玻璃为琉璃，法门寺地宫琉璃器实指玻璃器，两唐书均记贞观十七年拂林国（即大秦）王遣使至唐献赤玻璃、绿金精等物，在当时，这些琉璃器的珍贵甚于金银器。

伊斯兰琉璃的考古发现硕果累累，在世界各地已发现数百件，我国虽只出土了40余件，但多为精品，其贴丝、贴花、釉彩、刻纹、刻花、模压、印压、描金等先进工艺都有实物体现。法门寺出土的描金刻花琉璃盘、釉彩琉璃盘乃稀世之珍，且纪年准确，具有很高的考古价值。

这批琉璃器包括盘、杯、瓶三类，今择要记之。

石榴纹釉彩琉璃盘　敞口，翻沿，圆唇，直壁，平底微凸起。底外壁有粘棒疤痕，琉璃为无色透明，稍泛黄绿色，盘内壁口沿外绘有十二个黑色半圆弧纹，腹壁下部绘两周黑色弦纹，底部绘有黑色石榴纹。盘内壁除了黑色花纹外，施满不透明黄色作为底色。

这件是世界上迄今发现的最早的釉彩玻璃，可能为当时阿拔斯王朝仿效中国陶瓷涂釉工艺的制品。这一发现，把釉彩玻璃的生产时期提前了三个世纪。釉料彩绘是琉璃装饰工艺的一种，一般采用易熔的琉璃配上适量的矿物质颜料，研磨成细颗粒，加上黏合剂（松节油、松香、动物胶等）和填充料混合后，涂绘在琉璃制品的表面；绘上釉料的琉璃还需放入特定温度的窑室里加热，其温度既要保持颜料层的熔点温度，又要低于被加工制品的软化点。绘制图案的颜料与琉璃制品表面起结合和黏附作用，因此不易脱落。

伊斯兰的釉彩琉璃享誉世界，一般认为伊斯兰釉彩琉璃的使用年代是公元12至15世纪，早于9世纪的釉彩琉璃很罕见。在伊朗的内沙布尔曾出土一大批8至9世纪的彩绘釉陶，其中一些在浅黄色的器身上绘有黑色图案，口沿处绘有一圈连珠纹、三角纹或半弧形纹，与法门寺的这件釉彩盘很相似，所以法门寺的釉彩盘的原产地很可能是伊朗的内沙布尔。伊斯兰的釉彩琉璃可能受到彩绘釉陶的影响，二者的工艺很相似，成品也有类似的效果。

八瓣团花描金蓝琉璃盘　侈口，翻沿，平底，盘心凸起。盘内图案以双层弦纹围饰的辐射状蕉叶团花纹为主，纹施描金，以浅蓝色质地衬映，色彩清素，淡雅宜人，与五瓣枫叶纹蓝琉璃盘同属早期伊斯兰的产品，价值很高。

枫叶纹描金蓝琉璃盘　盘心微凸，平底，直口，尖唇，浅腹。出土时有浅黄色风化层。盘内装饰为三重结构：中心为以枫叶为蕊的圆形四出团花；外围菱形框；最外层为以半圆面装饰边饰的同心圆环，余白刻有水波纹或斜平行线。

十字团花纹描金蓝琉璃盘　口沿平折，直浅腹，圆唇，平底，盘心微凸。盘内为二重结构装饰：中心圆形以十字划分为四等份，每等份中刻一五叶瓣，瓣尖指向十字交点。在圆圈外均匀分布两组犬牙交错的三角，每组十个，每个角心以尖叶为其蕊。装饰花纹内之余白刻细密的平行线，以增强装饰效果。

○ 石榴纹釉彩琉璃盘
高2.7cm
口径14.1cm
底径11.8cm

○ 八瓣团花描金蓝琉璃盘
高2.3cm
口径15.7cm

○ 枫叶纹描金蓝琉璃盘
高2.1cm
深1.8cm
口径16cm

○ 十字团花纹描金蓝琉璃盘
高2cm
深1.6cm
口径18cm

○ 四瓣团花纹蓝琉璃盘
高2.2cm
深1.9cm—2cm
口径20cm

○ 八瓣团花纹蓝琉璃盘
高3.2cm
深2.6cm—2.8cm
口径20cm

　　四瓣团花纹蓝琉璃盘　　盘心刻出正方形，正方形内以斜平行线相交成菱形方格。然后以正方形的每边为底边，刻出四枚尖瓣，形成十字形四瓣团花，每个尖瓣内刻枫叶一片，外绕忍冬花纹样。尖瓣与正方形组成形似伊斯兰称为"摩诃"的神龛。十字花余白处刻相背式忍冬折枝各一株。底纹全刻成细碎的斜平行线，突出主题装饰。这种四瓣花纹蓝琉璃盘中心所绘的"摩诃拉芭"纹样，象征人魔交战、真主所在之处——它是伊斯兰教最庄严的地方；用摩诃拉芭神龛做装饰，当为神圣之意。

　　八瓣团花纹蓝琉璃盘　　透明度好，有小气泡，口沿平折且外侈，浅腹，尖圆唇，平底。底部外有铁棒痕迹，盘心微凸。盘内有三重结构的刻花装饰，围绕中心圆圈的第一重为四尖叶组成的十字形四出花，又在四出花之余白刻出第二重四片尖叶，第三重八片，形成一朵大团花。团花外有两同心圆圈，圆圈外装饰相连的弧形面一周，圈内刻出细密的平行线作为团花的底衬。

　　五瓣枫叶纹蓝琉璃盘　吹制成型，纹饰镌刻，侈口，平沿，盘底中心凸起。内底图案以十字形花为主。正中为大方格纹，方格内以交叉斜平行线构成小方格，从中心大方格四出部分为尖瓣，构成居中的十字形，尖瓣内刻一枫叶，枫叶以忍冬花纹围饰。十字纹之外角，均刻有忍冬花填饰，镌刻刀法自然，线条生动，富有情感，并不拘于刻板工整。这种纹饰多用菱形、枫叶和团花、忍冬花等花纹三重手法，用描金陪衬，使器物更显得富丽悦目、光彩照人。这种器物与纹饰，均与伊朗内沙布尔发现的刻纹琉璃器相同，是9世纪内沙布尔产品，传世很少。

○ 五瓣枫叶纹蓝琉璃盘
高 2.3cm
口径 20cm

　　盘口细颈贴花黄琉璃瓶　　盘口，细颈，鼓腹，圈足。颈下有凸棱一周，腹部纹饰为四重结构：第一层为八枚黑色琉璃饼，饼心凸出一小乳钉；第二层在瓶腹中心部位，以拉丝手法将淡黄色琉璃拉成多角形饰件，粘贴瓶壁；第三层有淡黄色琉璃乳钉饼六枚；第四层与第一层相同，只是黑色琉璃饼沿又向上拉出个尾巴，然后粘贴于瓶壁上。圈足正中有铁棒痕迹。此瓶上贴花的特点，与美国纽约大都会博物馆所藏的一件产品十分相似，与世界其他地区所藏同类器物比较，大约是八九世纪地中海东岸所产。

○ 盘口细颈贴花黄琉璃瓶
　高21cm
　口径4.7cm
　腹径16cm
　重405g

菱形双环纹直筒杯 无色透明。直口，尖唇，深腹，平底微上凸，外底有铁棒加工疤痕，稍外鼓。腹壁饰五组花纹，每组中间为菱形纹，菱形纹内饰双环纹，菱形纹上下各饰三组双环纹，两组花纹之间以两竖行扁联珠纹相隔。其纹、形为伊斯兰的琉璃器中所常见，是从罗马帝国那里继承下来的传统工艺。

另有素面无纹饰的琉璃器皿9件。有蓝色琉璃瓶1件，因残破严重，尚未修复。蓝色琉璃盘4件，其器型、颜色和大小都与同地宫出土的6件刻纹琉璃盘基本一致，可以肯定是同一琉璃产地的产品。这种素面的琉璃盘可以进一步加工成为刻纹琉璃盘，也可以作为成品使用。还有侈口圈足琉璃盘2件及茶盏茶托各1件。

这18件来自西方之国的瑰宝，展现了伊斯兰地区的历史风采，它显示了伊斯兰人承袭罗马国和波斯萨珊王朝的工艺传统，在技法、形制、纹饰、风格上形成了独特的模式。在技法上采用无模吹制成型，再剪口、折沿和圆肩等加工技术；纹饰用刻花，刀具犀利、尖细，结构自然生动；黑釉料涂于黄色琉璃，使色彩对比强烈，效果突出。其描金工艺是伊斯兰新创工艺，为世人所珍视；用缠贴琉璃条等方法装饰内外壁则是受萨珊工艺的影响。

我们认为：被唐代人称为"西方之国"所产的"琉璃"瑰宝，是伊斯兰人随大食帝国在伊朗一带的建立、东传教义入唐时的朝贡品。当时除丝绸之路外，海路已开通。海路（或海上丝绸之路）开通于公元1世纪，到晚唐时，海上交通已成为主要贸易路线，"西方之国"的琉璃器，也可能通过广州等口岸输入中国。史典记载，长

○ 菱形双环纹直筒杯
　高8.4cm
　口径8.2cm

○ 侈口圈足蓝琉璃盘
　高2.7cm
　口径18.5cm

○ 素面茶盏和茶托
　茶碗高4.9cm
　口径12.5cm
　底径3.6cm
　茶托高3.6cm
　盘径13.7cm
　托径5cm
　托深2.8cm

安西市有售琉璃、宝石的胡商，广州成了当时海路重要经商口岸，日本商人从这里贩运琉璃等物回本国。大食帝国建于唐武德五年（622年），建立后即向中国传送物品。大食国自永徽二年（651年）至贞元十四年（798年），遣使39次，用大食国生产的物品进贡。大食人在居留的口岸广州、扬州等地有教长、宗教建筑。宗教传播促进了商业发展，同时也扩大了中西交通。可以认为，晚唐时期中国与大食等"西方之国"的交通是相当发达的。

在琉璃制造技术方面，大食与中国有着渊源关系。早期，伊斯兰手工业者通过试制中国陶瓷掌握了上光工艺，将贵重金属钴和铅的溶液涂在上有彩釉的陶瓷上，取得了亮丽多彩的光泽。两河流域的伊斯兰工人又把此技术用于琉璃，达到了巧夺天工的效果。9世纪在萨马拉和巴格达恢复的铜釉艺术，很可能是效法中国陶瓷釉工艺的结果。法门寺地宫出土的素面深蓝色琉璃盘，实际是阿拉伯的工匠借鉴中国瓷器上光技术的创造。萨马拉是公元838年在阿拔斯王朝动乱后变为首都的，在地理上更靠近原波斯和中国，是伊斯兰文明大量吸收东方艺术和工艺的时期。地宫出土的石榴纹釉彩琉璃盘，从风格与工艺看，明显是受到了9世纪中国工艺的影响。换言之，这批具有鲜明伊斯兰风格的琉璃器，实际上是在吸收和消化了唐代工艺技法的基础上制造出来的。在这里可以领略到接受了唐文化影响的伊斯兰文化，以其新的民族风格和渗透着异质文化的特征又返回唐文化圈中来；而在这个文化圈中，唐代工匠自己制作的琉璃茶托、茶碗，又明显地烙上了"西方之国"琉璃生产工艺的历史印记。

法门寺地宫出土的琉璃器文物说明，在中世纪，中国和"西方之国"的文化交流是丰富多彩的，同时它深刻地、广泛地影响着唐代政治、经济、宗教、文化以至宫廷生活。

2014年3月27日，国家主席习近平在法国巴黎联合国教科文组织总部发表《文明交流互鉴是推动人类文明进步和世界和平发展的重要动力》重要演讲。在演讲中，习近平主席特别提到了法门寺，提到了从法门寺唐代地宫出土的琉璃器皿，他说，1987年，在中国陕西的法门寺，地宫中出土了20件美轮美奂的琉璃器，这是唐代传入中国的东罗马和伊斯兰的琉璃器。我在欣赏这些域外文物时，一直在思考一个问题，就是对待不同文明，不能只满足于欣赏它们产生的精美物件，更应该去领略其中包含的人文精神；不能只满足于领略它们对以往人们生活的艺术表现，更应该让其中蕴藏的精神鲜活起来。

宫廷茶具

法门寺地宫后室，出土了一整套完整的唐代金银茶具。

这批茶具在公元874年藏入法门寺地宫时，是用庄严佛法礼奉佛祖的，不是作为陪葬器物来放置的。《物帐碑》记载了琉璃器茶具后，明文标出"茶槽子、碾子、茶罗子、匙子一副七事，共重八十两"，表明僖宗皇帝是把这批反映茶道的系列茶具视为一个整体来供奉佛祖的。

当年，唐僖宗封闭法门寺地宫时给每一件供奉物都负载了极为丰富的文化内涵，其中以这位皇帝小名——"五哥"标记的系列茶具，将我们带回到千余年前那个茶风鼎盛的时代……

唐中期以后诸帝，大多好茶，命产茶之州将最好的茶叶进贡朝廷，供天子享用。唐皇特别喜赏新茶，每岁设清明茶宴，在宫廷还设"斗茶"之戏。皇帝殿试制举，召见学士，赐予王公贵族等，以茶宴融洽君臣关系。在这种特殊的环境里，产生了宫廷茶具和宫廷茶道。

公元780年，陆羽著成《茶经》，这是一部"茶叶文化宝库""世界茶叶的经典"，它把有关茶的经验、知识，总结提高为一门专门的学问，从而创建了我国和世界上最早的茶学，"于是茶道大行"。在陆羽的影响和倡导下，茶的应用和茶文化较快发展。而社会茶文化一旦宫廷化，它至少在物质礼仪等方面，即上升为最高规格的一种文化。法门寺宫廷茶具是迄今为止世界上发现的时代最早、最完整、最精美华贵的系列茶具，不论是金银制的"七事"茶具，还是"七事"之外的地宫出土的其他宫中饮茶用具，其物名全在陆羽《茶经·四之器》中所列的茶具内容之中，包括烹煮器、点茶器、碾罗器、贮茶器、贮盐器、饮茶器，等等。还有比较完备的唐人煎茶之具。其煎茶之法，基本依《茶经》而行，有灶、鼎、瓶、炉、铛、锅、釜；盛茶用具有碗、杯、茶托、茶笼子、盒；碾茶用具有茶碾子、茶罗子等。

　　僖宗所供奉的鎏金羯磨纹蕾纽三足架银盐台、金银丝结条笼子、鎏金飞鸿毬路纹银笼子、鎏金银龟盒、鎏金鸿雁纹壶门座银茶槽子、鎏金仙人驾鹤纹壶门座银茶罗子、鎏金伎乐纹银调达子等，不仅器型前所未见，而且让我们得以了解唐代皇室贵族饮茶时所用的全套茶具，成为研究唐代茶道的重要资料。出土的主要茶具有以下几种。

　　鎏金飞鸿毬路纹银笼子　此笼是盛装茶叶的器皿。模冲成型，通体镂空，纹饰鎏金。带盖、直口、深腹、平底、四足，有提梁。盖为穹顶，口沿下折与笼体扣合，无斧凿之痕。顶面模冲出十五只飞鸿，内圈飞鸿引颈内向，外圈飞鸿则两两相对。口沿上端饰一周莲瓣纹，下缘饰一周团花纹，鱼子纹底。笼体腹壁錾三周飞鸿，共二十四只，均相对翱翔。两侧口沿下铆有环耳，耳座为四瓣小团花，环耳套置提梁，其上套置银链，另一端与盖顶相连。足呈"品"字

○ **鎏金飞鸿毬路纹银笼子**
通高 17.8cm
足高 2.4cm
重 654g

形组合的花瓣，与笼底边缘铆接，镂孔均作毯路纹。

金银丝结条笼子　通体笼子由上盖、提梁、笼体和足四部分组成，皆用金银丝编织而成。丝径极细，纹样呈长六角形透空，孔眼如蜂房状。提梁是用素银丝结为复层，系结于器身两端。盖体稍隆，盖与盖沿的交棱线为金丝盘旋成的连珠。盖中心为金银丝编成的浮屠状装饰物。器足由鎏金银丝盘旋成三个旋圈套，似爪形笼脚，足

○ 金银丝结条笼子
　通高15cm
　厚0.2cm
　口径13.5cm—14.5cm
　重355g

上部为兽面装饰。

壶门高圈足座银风炉　钣金成型，通体素净，由盖与身组成。盖沿为三层渐收的棱台，盖面呈半球形，上半部镂空，模冲出两层莲瓣。盖顶以三层银片做成的仰莲瓣承托镂空的锥顶状莲蕾。炉身为敛口，深腹，平底，圈足。口沿亦是三层渐收的棱台，每层棱台外沿六曲。腹部上小下大，腹壁内外两层铆合在一起。内层分作六块，与炉底铆接，外焊圈足。其腹部以下镂空六个壶门，底部与平折的足洞套接。炉底除与腹壁铆接外，其下焊作承托的十字形铜片。炉身两侧的口沿下各铆接一个提耳，炉身上铆钉顶端均饰以小银花。出土时炉盖贴有墨书"大银香炉……臣杨复恭"的鉴封。

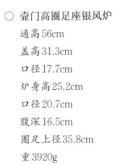

○ 壶门高圈足座银风炉
　通高56cm
　盖高31.3cm
　口径17.7cm
　炉身高25.2cm
　口径20.7cm
　腹深16.5cm
　圈足上径35.8cm
　重3920g

鎏金鸿雁纹壸门座银茶碾子　由鎏金壸门座茶槽架和纯银轴两件组成。鎏金壸门座茶碾槽架呈长方形，由碾槽、辖板、槽身、槽座四部分组成，槽呈半月弧形，口沿外折，与槽座铆接，为轴滚槽，辖板呈长方形，插置槽口，两端呈如意云头状，中间焊一宝珠形小

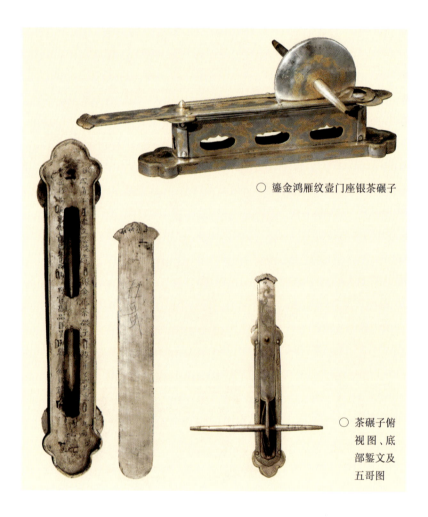

○ 鎏金鸿雁纹壸门座银茶碾子

○ 茶碾子俯视图、底部錾文及五哥图

捉手，可以抽动开合。捉手两边各錾一只鸿雁，衬流云纹。槽身截面呈"凵"形，碾槽嵌置其中。顶面两端亦为如意云头，饰三朵流云纹，侧面两壁镂空壶门，壶门间饰两躯相向天马，间以流云纹。槽座上承槽身，两端作云状，周边饰二十朵扁平团花，錾文为"咸通十年文思院造银金花茶碾子一枚并盖，共重廿九两"。纯银轴浇铸成型，自铭曰"轴重一十三两"，碾轮轴心饰莲瓣团花一幅及流云纹一周。两端细中间粗，两端各錾鎏金草叶纹，一端錾刻"拾柒字号"四字，及"五哥"二字，据此可知茶碾子系唐僖宗所供奉，价值极高。

鎏金飞鸿纹银则　匙面呈卵形，微凹。匙柄扁长，上宽下窄，柄端三角形，上下部位錾花鎏金。上段为流云飞鸿，下段为联珠图案，其间錾十字花，均以弦纹和菱形纹为栏界。柄背光素。

鎏金仙人驾鹤纹壶门座银茶罗子　器呈长方体，由盖、罗、屉、罗架、器座组成。均为钣金成型，纹饰鎏金。顶盖面錾两体首尾相

○ **鎏金飞鸿纹银则**
长 19.2cm
匙纵径 4.5cm
横径 2.6cm
柄上端宽 1.3cm
下端宽 0.7cm
重 44.5g

○ 鎏金仙人驾鹤纹壶门座银茶罗子

高 9.5cm

器身长 13.4cm

宽 8.4cm

总重 1472g

○ 盖面纹饰

○ 底面錾文

对的飞天，头顶及身侧衬以流云。盖刹四侧各饰一和合云，两侧饰如意云头，刹边饰莲瓣纹，盖立沿饰流云纹，罗架两侧饰束髻、着褒衣的执幡驾鹤仙人，另两侧錾相对飞翔的仙鹤，四周饰莲瓣纹。罗、屉均作匣形，屉分内外匣形，中夹罗网。屉面饰流云纹，有环状拉手。罗架下焊台形器座，有镂空的桃形门。

鎏金人物画银坛子两件　钣金成型，纹饰鎏金。带盖，直口，深腹，平底，圈足。盖纽为宝珠形。盖面隆起，分为四瓣。每瓣内模冲出一只飞狮，细部施以錾刻，底部衬以缠枝蔓草。每瓣凹棱侧饰"S"状二方连续纹样。坛盖与身以子母口扣合，腹壁划分为四个规范的门，其中分别錾仙人对饮、伯牙抚琴、萧史吹箫、金蛇吐珠等饰画。

鎏金羯磨纹蕾纽三足架银盐台　钣金成型，纹饰鎏金。盖有莲蕾捉手，中空，有铰链可开合，钣金焊接并与盖相连。盖心饰团花一朵，盖面饰羯磨鱼四尾，盖沿为卷荷。三足支架与台盘焊接相连，支架以银筋盘曲而成，架中部斜出四枝，枝端有羯磨铸件二，智慧珠二。珠下有莲蓬座，珠周有火焰纹，座下衬以团花。

鎏金伎乐纹银调达子两件　钣金成型，纹饰涂金。带盖，直口，深腹，平底，圈足。盖作立沿，沿面饰二方连续的蔓草。盖面高隆，边缘錾水波与莲瓣纹，中心为一宝珠形纽，下衬一周莲瓣。座四周錾两只鸳鸯和一只飞禽，衬以蔓草，腹壁呈内弧，口沿饰蔓草。腹壁中部刻三名吹乐、舞蹈的伎乐，衬以蔓草，底部一周饰莲瓣。喇叭形圈足，上部有圆凸棱，棱上饰四朵扁团花，下部錾莲叶叶脉纹。

○ 鎏金人物画银坛子
高 24.7cm
径 13.2cm
腹深 11.2cm
圈足径 12.6cm
总重 883.5g

○ 银坛子人物画

○ 鎏金羯磨纹蕾纽三足架银盐台

○ 鎏金伎乐纹银调达子
　通高11.7cm
　盖口径5.6cm
　杯高5.8cm
　杯径5.4cm
　足径6.3cm
　总重149.5g

鎏金银龟盒　通体钣金，焊接成型。龟状，昂首，曲尾，四足内缩，以背甲作盖。内焊椭圆形子口架，尾与龟腹焊接，各部位纹饰与龟体相近，形象逼真，似有流动感。

系链银火箸　圆柱体，上粗下细，通体光素。顶呈宝珠形，其下有0.5厘米宽的凹槽，环鼻套嵌其中，与另一箸相连，链为银丝编成。

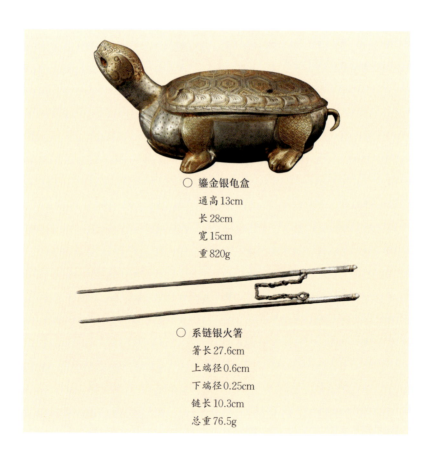

○ 鎏金银龟盒

通高13cm

长28cm

宽15cm

重820g

○ 系链银火箸

箸长27.6cm

上端径0.6cm

下端径0.25cm

链长10.3cm

总重76.5g

另有琉璃茶盏、茶托，共13件。

这批茶具是我国目前发现的时代最早、配套齐全、等级极高的茶具。它一方面反映了唐代高度发展的物质文明，同时也反映出高水平的精神内涵——这就是茶文化。用茶文化礼敬佛祖是唐皇的一种创举，也是一种功德，它与佛教供养中的"茶供养"相吻合，亦可见唐代皇室即以供茶赐茶为供佛施僧的高级礼遇。同时，与中唐时代士大夫茶道相比，它更多地显示了豪华富丽、奢侈繁缛的外在特征，用它来礼遇外使、怀柔大臣、供奉佛祖、皇家联谊，充分反映了"和""敬"精神。

通观唐代饮茶器具，民间多以陶以瓷为主，而皇室贵族多用金属茶具和当时稀有的秘色瓷及琉璃茶具，这套出土茶具，是皇室宫廷茶文化的完美体现，也是大唐帝国宫廷饮茶风尚极其奢华的见证。

法门寺地宫出土的系列茶具，不仅向后人展示了辉煌的唐代宫廷茶道的独特风貌，同时也证明了陆羽在《茶经》中所推行的那种茶道在唐代的存在，它是陆羽《茶经》所创制二十四器的直接继承和发展。地宫茶具还向人们展示了陆羽茶道发展到晚唐，在形式上发生的变化：从茶罗子上细密的纱绢丝网和出土时残留的褐色粉状物来看，茶道形式从煎茶向点茶发展，这种变化表现在从炙茶、碾茶到罗茶这一过程还保留了煎茶道的原来形式，而茶末在筛罗后就有两种不同的饮用方式，或在风炉中煎煮，或在盏中冲泡，而粉状茶面更适合于点茶。因此，它向人们展示了唐代茶道主流在晚唐的变化，而当时的宫廷茶道正处于两种形式的交替阶段。

茶文化源于中国，后来才流传到日本、朝鲜等地，这个基本的历史事实本来是无可置疑的，但由于近代以来中国茶道和茶艺形式在本土衰落，使一些人对此产生了怀疑，法门寺系列茶具的出土，再次证明茶道的故乡是在中国。

丝绸服饰

中国丝绸织物工艺发展的鼎盛时期在唐代，无论是产量、品种还是工艺、质量都堪称世界之最。据赵丰《唐代丝绸与丝绸之路》一书估计，唐代人口高峰在天宝年间，天宝十四年（755年）全国8914709户，52919309人，当时仅课丁户的产丝量即为8484吨，人均耗丝量为0.16公斤（最低估计）。国内唐代丝绸考古重大发现有甘肃敦煌藏经洞、新疆吐鲁番阿斯塔那墓、青海都兰热水墓群和陕西法门寺，而以法门寺出土意义最大，它数量最大，品种多，工艺精湛，记载明确且涉及大唐各个时期，堪称划时代的重大发现。

法门寺地宫出土丝织品逾千件，据《物帐碑》记载，属武则天、唐懿宗、唐僖宗、惠安皇太后、昭仪、晋国夫人等皇室帝胄供奉的就达700多件。大部分是服装和鞋帽之类的生活用品，有40多个品类。韩伟是这样分类的：

线丝类：新丝、百索线。

裙　类：武后绣裙、红罗裙衣、裙衣。

衫袍类：花罗衫、花罗袍、长袖、夹可幅长袖、可幅绫披袍、谷纹披衫、缭绫浴袍。

暖子类：长夹暖子（其中有锦、绮、金锦、金褐、银褐龙纹绮、辟邪绮、织成绫、白氎，红络缒）。

下盖类：下盖、夹缬下盖。

披帛类：可幅臂钩、可幅勒腕子、方帛子、缭绫食帛。

罩　类：缭绫影罩、赭黄熟绿绫床罩、红异纹绫夹罩。

被褡席褥类：被褡、锦席褥、八尺踏床锦床褥。

帽巾类：绣幞、花罗夹幞头、绘罗单幞头，花罗夹帽子、巾子。

鞋袜类：绮线绫长袎袜、蹙金鞋、紫靫鞋、靴（带毡）。

手巾类：折皂手巾、白异纹绫手巾、绣帕、揩齿布。

枕绮类：赭黄罗绮枕、绯罗香绮。

佛衣类：袈裟、金袈裟、毳纳佛衣。

其他类：红绣案裙、红锦袋。

毳纳佛衣，是用鸟羽所织之衣，多为依真言宗之法作加持祈祷的真言师所服。这是唐代皇帝笃信密教的一个证据。金袈裟是用金缕织成，乃佛家秘宝，珍贵之至。《物帐碑》所见者多为常服佛衣，乃宗教实用物。织物中还发现了揩齿布，即使在千年后的今天也未必如此讲究，以布蘸盐或药揩齿，可见当时对口腔卫生的重视程度以及对佛陀的崇敬程度。

从织物类别上看，包括锦、绫、罗、绢、缣、纱、绮和绣。王亚蓉对此做了初步研究，下面介绍几种重要的丝织物。

○ 绣花丝绸残件

叶金纱　每平方厘米经线56根，纬线22根，厚0.056毫米，织造均匀，孔隙清晰。

畦纹绢　每平方厘米经线28根，纬线33根，厚0.2毫米。

褐色交棱畦纹绢　每平方厘米经线44根，纬线62根，厚0.07毫米，织物表面有如田垄的纬面起伏。

土红色光绫　每平方厘米经线74根，纬线28根，厚0.05毫米，表面平滑如纸，"缭绫"是当时的高级织物。

皂色提花罗　每平方厘米经线64根，纬线20根，厚0.08毫米。

地宫里一个腐朽的白藤箱内堆积的丝绸衣物有23厘米厚，780多层，估计展开后面积可达400多平方米，他日若用高科技手段复原，再现当年风采和神韵，可以肯定，大唐丝绸品类无不包罗其中。

这批丝绸体现新工艺的有印花贴金、描金、捻金、织金等品类，尤以菱纹织金锦工艺反映了唐代工艺的最高水平，其代表当属唐代丝织物中的佼佼者——"缭绫"。可惜目前尚未整理出来。研究认为夹金织物与中西亚文化有着密切的联系。《北史·何稠传》记载："波斯尝献金线锦袍，组织殊丽，上命稠为之，稠锦成，逾所献者。"这就是说，北朝时中国不但已经能够生产金线锦袍，而且已经超过了波斯。

特别值得一提的是，出土于地宫中室汉白玉灵帐后面捧真身菩萨座下的蹙金锦绣品最为名贵。

丝织物夹金织、绣最早见于汉代的史籍，《三国志》亦有记载，但一直未见过实物。其捻金线平均直径为0.1毫米，最细处仅0.06毫米，比头发丝还细，每米金丝线上绕金箔3000捻回，就是科技水平高的近现代也不可企及，堪称古今一绝。古史书提及过，唐诗中亦有"蹙金绣""盘金线"之说，此次出土令中国考古学界、史学界和丝绸界大开眼界。如：为捧真身菩萨供奉的五件小蹙金绣衣物。

绛红罗地蹙金绣半臂一件　是唐代仕女穿的半袖上衣，颈、袖饰捻金线盘钉绣折枝花，花蕊钉珠一颗，宛然有光；以折枝花作菱形散点排列，花朵的排列意向与花的枝条的排列意向呈交叉流动之态，寓活泼大方于一定秩序之中，堪称花纹图案组织中之佳作。蹙金绣的边缘部位多以流云纹组成二方连续纹样排列，有典型的装饰效果。

○　绛红罗地蹙金绣半臂
袖长4.1cm
身长6.5cm

绛红罗地蹙金绣袈裟一件　四边设连续云装饰，中部界成水田格，格中绣莲花，自然风光感突出，四角饰"卍"纹。

绛红罗地蹙金绣拜垫一件　方形，以整朵大莲花团花置于整幅画面的中心位置，以小朵云纹点缀边角隔地带，是装饰艺术中独具特色的一例。中部钉绣莲花，花蕊有珠饰，四角为"卍"纹。

绛红罗地蹙金绣襕一件　饰金线满绣云纹，并以金线界出裙褶。

○ 绛红罗地蹙金绣拜垫
7.5cm×7.1cm

○ 绛红罗地蹙金绣襕
腰裙长 16.5cm
身长 7.2cm
下缘宽 11.2cm

○ 绛红罗地蹙金绣袈裟
长 11.8cm
宽 8.4cm

绛红罗地蹙金绣案裙一件　三边设沿，背面有栏一道。

这套衣物是给捧真身菩萨穿用，很合身，仿佛试身以制。

法门寺地宫出土的丝织品上的丝织纹样、图案丰富多彩，写实与几何变形图案相映成趣，华美壮丽与纤秀精细并存。其中蹙金绣织物工艺精美，主要花纹有莲花、折枝花、如意纹、流云纹等。纹样组成主要有散点式，以团花或点花、折枝花作菱形或方形的交替规则排列。

这些丝织物中的大量刺绣工艺是唐代服饰刺绣的典型，针法精细纤巧，风格华美凝重。其加工技术多种多样，有蹙金绣、平绣、贴金绣、贴金加绣、绣加绘等。印染技术有镂空版印花、凸版印花、描金绘花、木版人物画，等等。据王亚蓉《法门寺地宫所出纺织品》一文记载，有捧真身菩萨绣袄残件，残存绣纹有花草三簇及蝴蝶、

○ 绛红罗地蹙金绣案裙

裙长 10cm

宽 6.5cm

鹦鹉等。针法为平绣，有戗针、齐针、羼针、接针、顺针、钉线、圈金、铺绒加刻鳞等。劈绒绣线技术娴熟，在用捻金线圈边时，有如画家用笔勾勒，圆韧挺括，线纹流畅，色泽晕润，是一件工艺水平很高的刺绣作品，堪称地宫出土文物刺绣工艺之代表作。

石兴邦先生说，这一批唐代丝织物的发现，不但为研究中国古代服饰史、纺织史和织造技术提供了重要实物资料，从中也可看出我国丝织品在当时世界上产生巨大影响的原因。

著名文学家、古代服饰研究专家沈从文赞扬这批丝织品说，这是半个世纪以来唐代考古最重大的发现。法门寺地宫出土众多的唐代丝织物，特别是加金织物意义重大。这是唐代工艺的集中体现，比日本正仓院所藏唐代丝织品等级还要高。这些丝织品提供了研究唐代文化史、服饰史的重要依据。

然因年代久远，加之织物埋藏环境差，导致这批纺织品无论是在湿态还是干态下，强度和韧性都极差。丝绸保护专家王㐨曾指出，法门寺丝绸比湖南马王堆汉墓、湖北江陵马山楚墓以及辽宁、新疆等地出土的丝绸文物的强度和耐折度都要小得多，很多织物在干态和湿态的耐折度均为零。

这些丝绸出土后，除少部分保存情况较好的丝织品由王㐨主持揭展陈列外，其余丝织品均整体提取、密封冷藏。

为了科学保护这批珍贵的唐代丝绸文物，2001年，陕西省考古研究院与德国美因茨罗马—日耳曼中心博物馆合作建立了古代纺织品保护修复实验室，系统有序地开展了纺织品文物档案资料提取、保存环境改造和监控、文物包装更换、文物材质分析、织物组织工艺分析、机械法除霉、糟朽粘连织物揭展等一系列工作。其中，在攻克多层紧密粘连、糟朽丝绸织物揭展难题的过程中，开发的纤维塑性形变恢复技术，成功地解决了法门寺丝绸衣物包块的揭展难题。它利用纤维分子结构中大量存在的能够吸湿和放湿的功能团，通过技术控制，来调节纤维含湿量，暂时性地改善纤维的某一特性，在此临界条件下，使很多本因纤维脆弱、糟朽无法开展的操作例如揭展、抚平、矫形等成为可能。在完成操作后，又可借助环境条件控制措施，将纤维的塑性状态稳定在某一阶段。 该项技术不使用任何化学试剂，因而不存在化学试剂对纤维材质伤害的问题，也不存在材料老化的问题。

项目组利用这一技术对极其糟朽的法门寺丝绸包块 T68 进行揭展保护，织金织银的裙（裤）、罗衫等 5 件精美衣裳得以成功展开，件件堪称瑰宝。其中 2 件裙腰上的图案使人联想起唐代诗人杜甫所作《丽人行》中"蹙金孔雀银麒麟"的诗句。2006 年以来，石竹花鸟绣、花鸟锦、雪花纹绫等文物先后在德国波恩"中德文物科技成果展""百工千慧——中国文物保护科学和技术成果展"以及"中国丝绸文物保护成果展"中展出，中德合作法门寺丝绸保护的成果引起了业界和社会的高度关注。

除了糟朽粘连丝绸的揭展技术合作研究之外，项目组中方代表还主持开展了系列技术研究：在保护修复技术方面，主要开展了丝绸纤维湿度调节技术系列研究、 湿度调节机理和湿度调节技术应用

规范研究、机械法除霉技术研究、染色技术研究、丝绸文物湿洗表
面活性剂筛选研究、彩绘织物湿洗中的临时性封护工艺研究；在纺
织品文物预防性保护方面，主要开展了织物霉害预防性控制，糟朽
脆弱纺织品文物展览，纺织品文物保护中的水质、相对湿度、pH问
题，低温保存条件下丝绸老化状态评估，压裱及织物包装技术研究
等；在丝绸及其附带材质工艺研究方面，主要开展了法门寺丝绸产
地同位素技术分析研究、丝绸染料研究、纤维老化状态分析、捻金
线材质工艺及装饰应用技术研究，真正实现法门寺丝绸文物保护研
究的可持续性科学发展，以最终实现文物材质长期保存、文物信息
最大化提取、文物价值深入挖掘乃至系统展示和利用的共赢。

珠玉宝石器

大唐王朝为在法门寺地宫供奉佛祖，以水晶、宝玉为椁、为棺，
供养佛祖真身指骨舍利；以汉白玉等雕刻护法诸神；以琥珀、珠宝、
玛瑙、珍玉组成七宝，完成中国佛教供养的大千世界，以实现其护
国佑民的愿望。

随球　以水晶琢磨而成，大球透明光洁，小球稍受腐蚀。"和氏
之璧、随侯之球"在古代被视为瑰宝，史书多指随球为烧造的琉璃
球，地宫出土的随球却为水晶质，可能唐代将天然宝石类亦称"随
侯之球"了。

○ 水晶球

○ 水晶花蕾

○ 白玛瑙珠

○ 水晶枕

○ 琥珀念珠

○ 琥珀狻猊

○ 宝石饰件、玉具

○ 随球
　大球直径5.2cm
　重196g
　小球直径4cm
　重79g

菩萨像两尊　鎏金带座菩萨，模铸成型。戴花蔓宝冠，宝缯垂肩，上身袒露，左肩至右肋斜披帛甲，臂、腕均饰钏，双手施印；下着羊肠大裙，结跏趺坐于莲花座上，背有身光、项光。莲座饰上下两层莲瓣，每层八瓣，基下用销钉穿接圆形束腰，束腰下为八瓣覆莲的座基。

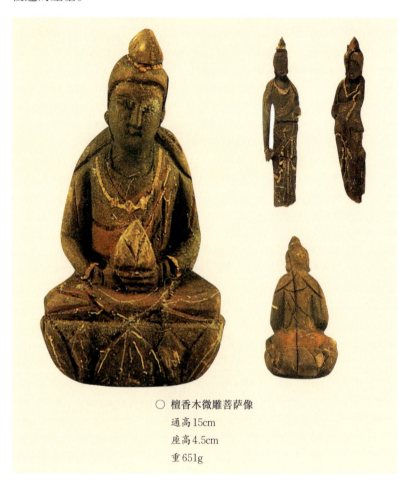

○ 檀香木微雕菩萨像

通高15cm

座高4.5cm

重651g

描金檀香木山　原放置于地宫后室东南角，为唐懿宗所供奉，用丁香、沉香、乳香、檀香四种香木雕镂而成，描金加彩，象征佛祖的香域宝地，又是佛身的象征。

○ 描金檀香木山

钱　币

地宫出土的钱币共有30余种，跨越数代，数量巨大。今分类以述其要。

秦半两　秦始皇时始造，重8克，外圆内方，是取天圆地方之意，同时也是出于便于携带或挂索的考虑。

汉五铢　使用于两汉，铸数较大，是历史上影响很大的一种货币，存世较多，流传时间长。

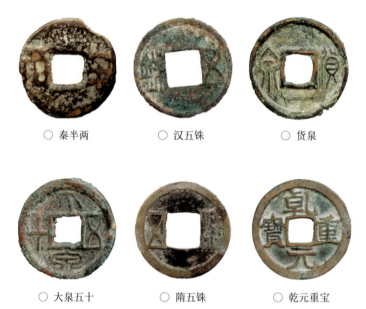

○ 秦半两　　　　○ 汉五铢　　　　○ 货泉

○ 大泉五十　　　○ 隋五铢　　　　○ 乾元重宝

○ 唐开元通宝

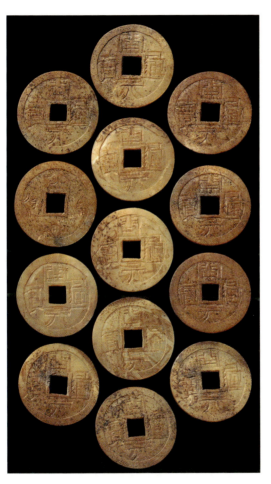

○ 玳瑁开元通宝

直径2.7cm

重1.7g—2.0g

○ "京""润""洛"等地

之会昌开元通宝

货泉和大泉五十　铸于汉王莽时代，这两种存世较多，币值不等，小者2克，大者数十克。

隋五铢　铸于隋代，由于隋朝祚短，故流通时间不长，影响不大。

唐开元通宝　唐高祖武德年间废五铢而铸造，每十文重一两，字为隶体，为著名书法家欧阳询所书。开元通宝在唐290年间铸了许多版型，使用时间很长。地宫中发现的有"开元通宝""乾元重宝""会昌开元"等品类。

其中最为珍贵的是在地宫后室供养的素面银灯内发现的13枚极为罕见的"玳瑁开元通宝"，币材特殊，属我国考古发掘的首次发现，为稀世珍宝。

玳瑁为海龟类动物，其角质背甲可做饰物、用具。因玳瑁为奇珍异宝，是古时的皇族、贵族制作珍贵的装饰品和器具的稀有材料。因其价值极高，佛教密宗将其列为供养的七宝之一，以示虔诚。由此可见，它当是皇帝制的一种供养钱，从某种意义上讲，属冥币的范畴，具有施财、供奉、吉祥的意义。地宫供养的13枚"玳瑁开元通宝"，其大小基本一致，有内外廓，较厚，制作精良，色淡，黄中泛青似玉但不透亮，有蚌壳质感。"开元通宝"四字以刀工刻就，因采取了刀法双边平刻的手法，四字呈隆起之状，落落大方，煞是好看。这13枚"开元通宝"无任何使用磨损痕迹，其流通也从未见于史籍，其中一枚背刻有莲瓣式花纹，显然是在迎佛骨时为庄严其场面，取玳瑁的特殊含义而制作供养的。

法门寺与正仓院

正仓院，始建于8世纪后半叶，位于奈良市东大寺大佛殿西北面，是联合国教科文组织认定的世界文化遗产。

在奈良时代和平安时代，日本中央和地方的官厅及寺院里，都会专门设置一个放置重要物品的仓库，称为"正仓"。几个正仓集中在一起称为"正仓院"。随着岁月的流逝，很多地方的正仓踪迹全无，唯有东大寺正仓院内的正仓一栋还保留着原貌。

正仓院的陈列物是以圣武天皇的遗物为基础构成的。圣武天皇是日本奈良时代的第45代天皇，在位年自724年3月3日（神龟元年二月四日）至749年8月19日（天平胜宝元年七月二日）。圣武天皇笃信佛教，创建国分寺、东大寺，天平胜宝四年（唐玄宗天宝十一年，752年）四月九日，由圣武天皇发愿，东大寺铜造卢舍那佛开光供养。他发心铸造大佛，尤爱唐朝文化，先后十余次派遣数量庞大的遣唐使，不仅引入大唐艺术珍品，还命人模仿制作。天平胜宝八年（756年）四月十九日，圣武天皇驾崩，由光明皇后向东大寺卢舍那佛奉献了这批约2万件的珍宝。其中大半为日本制作，也有不少是直接从中国、西亚等地输入的。这些呈献物收藏在东大寺的仓库，是为正仓院。到明治时代，整个正仓院连同宝物划归皇室专有，脱离东大寺，直接由宫内厅管理。此外，鉴真第六次东渡成功，带去的佛经、医药、书法真迹等就存放在正仓院内。

日本正仓院宝物入库的时候跟法门寺一样，也有一个"物帐碑"，就是贡献出来的物品的清单。可见唐代的中国和日本都有非常严格的入库制度。这份单子对后人的重要性有时甚至超过实物本身。正仓院收藏有服饰、家具、乐器、玩具、生活用品、书卷、文具、祭祀用品和武器等，总数达9000件之多，主要是中国唐代的文物，也包括朝鲜、波斯等国的文物，可以说是迄今保留得最全面、最丰富、最有价值的唐朝艺术品的宝库。

法门寺的唐密文化联结着大唐惠果与日本空海的佛教法系和文化，同样，日本正仓院收藏的大唐时期的器物也与长安、法门寺文化有着千丝万缕的联系：法门寺唐代地宫安奉佛祖真身指骨舍利的唐皇室金银器，在日本学术界有"祖器"之谓。法门寺地宫唐僖宗供佛之御用系列茶具，就直接映照着日本千年以来的茶道和茶文化。地宫中的锡杖、熏炉等佛教法具、珠玉宝石器、琉璃器，特别是800余件唐皇帝后丝（金）服饰等，如果展开与正仓院器物的对比研究，具有广泛的学术价值和社会文化意义。

2005年11月15日到18日，法门寺博物馆与上海复旦大学联合，在西安举办了"2005法门寺·正仓院与中日韩文化交流国际学术讨论会"，有学者指出了正仓院文物对中国隋唐考古学的意义与价值。正仓院收藏的文物数量大，种类多，大多制作精致，特别是古代丝绸、木制品等在正仓院保存完好，极为难得。由于奈良时代正是唐朝与日本交往密切、日本朝野上下着意汲取唐朝文化的时期，因此毫无疑义地说明：正仓院文物正是唐朝与日本文化交流的重要实物凭证，对于中国隋唐考古学的研究，同样提供了极为珍贵的实物资料。

正仓院藏品中有关文字的资料，有抄写的书籍、法书、文件、文书、物账等。日本学者分别对尺、户籍、计账做了研究，也对唐朝贡献制度、遣唐使带来的唐物、正仓院文书中所署中国国名表记做了研究，对日本古代官印与隋唐官印进行比较研究，中国学者对法门寺和正仓院物账做对比研究，对过去为学界所忽略的木质围棋、双陆、五弦琴等物与正仓院藏品进行对比考察，推断说正仓院的这些器物来自长安。通过大量出土文物图片展示，解释了正仓院长期悬而未决的图案，对理解正仓院纺织品源流提供了较为坚实的考古学基础。胡戟教授根据从20世纪70年代以来考古发现的一些"组"的残件，对失传千年"组"的工艺，成功地做了复原研究。"组"是指编织的丝带或绶带，"组"在中国几乎没有保存，但正仓院却保存了非常完好的"组带"实物，从宏观微观多方面肯定了正仓院与法门寺的渊源关系。

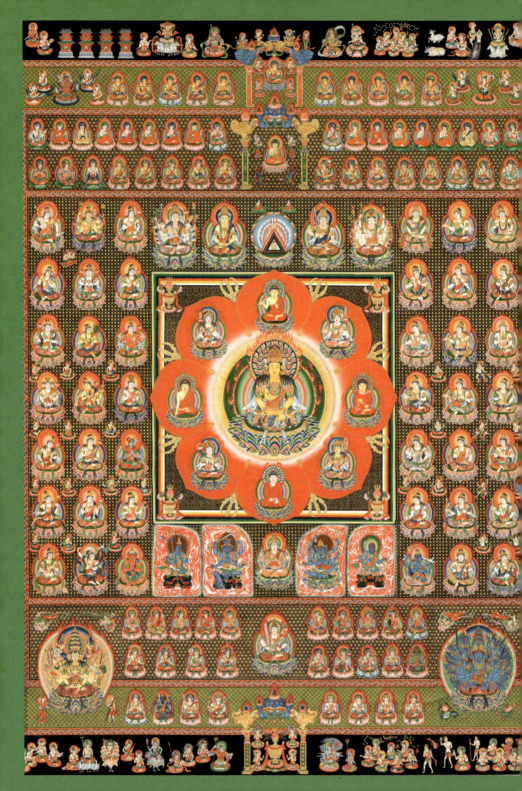

1988年8月，法门寺考古发掘全面结束。但是，法门寺唐代地宫佛教文化的门真正打开了没有？回答是否定的，因为一系列的问题摆在面前：地宫帝王陵墓式是最高等级的，佛指舍利安奉也应该是最高等级的，它的具体内容是什么？许多专家说地宫文物放置是有序的，序是什么？灵骨一枚，为什么影骨是三枚？四枚舍利共占四室，每一枚、每一室的内涵是什么？特别是八重宝函、五重宝函、捧真身菩萨上的佛像和一般寺庙的佛像不一样，是什么内容，有什么关系？地宫总体布局与大唐佛教是什么关系？等等。这些问题虽有宿白、孙机、李克域、马世长等学者从密教角度谈起，但一时没有完整的答案。

1990年和1992年，两届"法门寺历史文化和佛教文化国际学术研讨会"在法门寺召开，韩伟、李克域、吕建福等学者提出法门寺地宫阿育王塔内的单檐四门铜精舍，阏伽瓶的造像和位置，四十五尊造像、捧真身菩萨等为密教造像，引起学术界的注意。1994年正月初四，我冒着漫天大雪去北京，在北长街27号的中国佛教文化研究所，恳请吴立民所长来法门寺。一个月之后的一个雨雪天，吴老与中国社科院李斌城、丁明夷来到法门寺。经过认真察看地宫、研究发掘资料、对照重点器物，吴老又一一查阅带来的文献，三天之后我们聚会，吴老兴奋地断言：法门寺地宫的布局和设置就是在中国迷失千载的唐密曼荼罗！这是千年一遇的佛门大事！

一个神秘千年的佛教世界

大唐咸通十五年（874年），李唐王朝在完成最后一次迎奉佛祖释迦牟尼指骨舍利时，由于这枚舍利是佛教世界至高无上的圣物，懿、僖父子两宗皇帝在惠果——智慧轮一系唐密大阿阇黎的指导下，以数千件绝代珍宝供奉，在法门寺地宫完成了唐代佛教密宗佛指舍利供养曼荼罗。

梵语曼荼罗，译为坛场，为轮圆具足，含蕴集精华、辐射光芒之意。据密宗经典记载，法身佛大日如来为十地以上菩萨讲授《大日经》和《金刚顶经》，在南天铁塔内外分别传出了胎藏界和金刚界两部大法，于公元7世纪分别为印度僧人善无畏和金刚智所承传。善无畏和金刚智未在印度传授，而率其弟子不空（师徒三人史称开元三大士）于唐开元年间先后来到中国长安结坛传法并相互传授，是谓"金善互授"。由此，两部大法互相交流。其后，善无畏、金刚智又将两部大法传于其弟子不空和中国僧人一行。由是一人而传承两部大法，谓之"两部一具"。不空尽得两部真谛而全传于中国僧人惠果。一行、惠果为"两部一具"最当机之大师。

一行原系天台学人，侧重胎藏界，其《大日经疏》为胎藏界解释《大日经》之根本论典，无不依为原典，称为"大疏"，被奉为台密的宗祖。而被代宗、德宗、顺宗皇帝奉为国师的惠果，融会两部

○ 金刚界曼荼罗

大法侧重于金刚界，其创绘的金刚界曼荼罗与金刚密号等，为金刚
界理解《金刚顶经》之根本依据，其内涵多与中国传统文化相结合，
创立了继承印密而又别有发展的唐密体系，推动佛教密宗中国化而
成为唐密大法，被公认为东密的初祖。从惠果青龙寺传法到大兴善

○ 胎藏界曼荼罗

寺智慧轮的唐密一系，再传日本空海、最澄，成为日本东密、台密后，其间虽经"会昌法难"，但唐密一直传承并发展着。

佛教密宗认为，金胎两部是大日如来的智、理两德。智德为金刚界曼荼罗，金刚是锐利、坚固无比的智，能断一切烦恼，智是有差别的；理德为胎藏界曼荼罗，与"胎藏"一样，是本有的、平等的。大日如来的智、理两德幽深玄远，不容易用语言的方式表达出来。惠果假借彩绘丹青的图画，将《大日经》《金刚顶经》深邃的思想表达出来。法门寺地宫正是其大千世界的具体示现。它网罗宇宙万象，包括十界圣凡，上下尊卑，染净邪正，兼收并蓄，可以说是一幅宇宙法界的缩影，作为唐代密宗修行者的信仰和观想的对象。唐代密宗就在这两幅画上表现出胜过其他各宗的特色。

地宫——唐密金胎两界曼荼罗

地宫建制模拟帝王陵寝，为盝顶窑洞式石质建筑。唐代几经皇室修葺，至懿宗时又予弘建。地宫内设五道石门，由踏步漫道、平台、甬道、前室、中室、后室、秘龛七部分组成，全长21.12米，面积31.48平方米。前、中、后室和秘龛各供奉佛指舍利一枚，数千件唐皇室供佛珍宝供奉其内，是世界上目前发现的时代最早、规模最大、等级最高的佛塔地宫。

地宫一如帝王陵寝，其建法却依密教布坛的形式布置。主体建制分甬道、前室、中室、后室、秘龛五部分，又称"一道五门四室"。地宫总体为佛指舍利供养大曼荼罗，佛指舍利为三昧耶曼荼罗，供养佛舍利的诸种道具、法器、供养器及供养法为法曼荼罗，而如法供养为羯磨曼荼罗。地、水、火、风、空、识六大瑜伽，大

曼荼罗、三昧耶曼荼罗、法曼荼罗、羯磨曼荼罗互相融通而不离
（"四曼"不离），与身、口、意"三密"相应成就了法门寺地宫唐
密曼荼罗。按密教仪轨增益护摩法的"遍法界成黄色方坛"的要求，
甬道、前室、中室呈长方形，后室及秘龛呈正方形，入宫的地面铺
铜钱成金黄色，主要供养物亦作金黄色，以显示地宫为黄色方坛。
地宫一道五门，供养佛指舍利四枚，而一道四室通彻全坛，表示体
现金刚和胎藏二界的大日如来"中道一实"。四室四舍利，则表示四
方四佛，建立两部曼荼罗。前室阿育王塔第四枚舍利，位胎藏界东
方宝幢如来位，位金刚界南方宝生佛位（影骨）；中室汉白玉灵帐第
二枚舍利，位胎藏界南方开敷华王佛位，位金刚界东方阿閦佛位
（影骨）；后室八重宝函第一枚舍利，位胎藏界北方天鼓雷音佛位，
位金刚界西方阿弥陀佛位（影骨）；秘龛五重宝函第三枚舍利，位胎
藏界西方无量寿佛位，位金刚界北方不空成就佛位（灵骨）。

　　地宫以"中道一实"体现金胎两部大日如来，则两部大日同遍

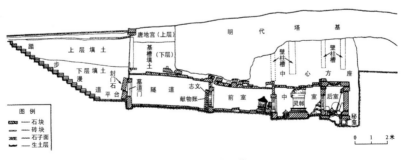

○ 地宫整体为大曼荼罗

法界，均无形象，而以四枚舍利表征四佛建立两部曼荼罗。从影骨显的方面来说，以后室八重宝函第一枚佛指舍利为主尊，成立胎藏界佛指舍利供养曼荼罗，主尊位于天鼓雷音佛位司涅槃门，演说法音，警悟众生；而第三枚佛真身舍利则位于胎藏界西方无量寿佛位而放无量光，照十法界，此曼荼罗逆时针而下旋，表示胎藏界从果向因本觉下转之化他门。从灵骨密的方面，以秘龛五重宝函第三枚佛的真身舍利为主尊，成立金刚界佛指舍利供养曼荼罗，则佛真身舍利位于北方不空成就佛位。按密教教义，释迦即不空成就佛，故此正位正是释迦佛真身所在；第一枚佛舍利位于金刚界西方阿弥陀佛位，此曼荼罗顺时针而上旋，表示金刚界从因向果始觉上转修证之利他门。

后室供养第一枚佛祖指骨舍利（影骨）的八重宝函，寓意胎藏界本有平等—理界—前五大—色法—莲花—因—东曼荼罗，故錾刻胎藏界诸尊造像；放置秘龛内的第三枚佛祖真身舍利之五重宝函，表示金刚界修生差别—智界—识大—心法—月轮—果—西曼荼罗，故錾刻金刚界根本成身会四十五尊造像；而供奉于地宫中室的唐中宗李显皇帝为第二枚佛指舍利敬造的汉白玉灵帐后的捧真身菩萨，象征皇帝供奉佛祖真身舍利，它为金刚界和胎藏界两部大法、两部曼荼罗之合体，此为中国唐密所特有的两部曼荼罗合成之造像。地宫内以重重无尽的形式来表征佛教所描绘的华严世界，又以阏伽瓶象征四海水，以描金檀香木金银山来表现三千大千世界，还以迎真身银金花双轮十二环大锡杖代表佛祖警觉众生的最高威仪。所有这一切，除了伏愿"圣寿万春、圣枝万叶"外，更突出地表征了唐王朝在法门寺地宫实现佛指舍利供养曼荼罗，网罗宇宙万象，包容十界圣凡，以宇宙法界的流变实现"八荒来服、四海无波"护国佑民的崇高理想。

后室八重宝函——唐密胎藏界曼荼罗

第一枚佛指舍利安置于地宫后室北壁正中部位的八重宝函之内，合乎释迦涅槃及北方不空成就佛的方位。除最外一重银棱檀香木函出土时已残坏外，其余七重保存完好。

八重宝函上放置的鎏金菩萨像，其莲座式样一如捧真身菩萨，为金胎合曼于一体。但因器型太小，仅画莲瓣线条以示其意。此尊宝冠上有大日佛，而手印为释迦佛说法印，显然是与释迦同体的胎藏界毗卢遮那像。

八重宝函由外向内分别为：檀香木礼佛函、鎏金四天王函、素面银宝函、鎏金说法函、纯金如意轮函、金筐宝钿纯金宝函、珷玞石函、四方纯金塔。除第八重檀香木礼佛函需待修复以便考证研究外，其由内向外第四、五、七重均系唐密曼荼罗造像。

第四重宝函——唐密六臂如意轮观音曼荼罗

顶部造像为双凤花鸟吉祥图　宝函顶面为双凤花鸟吉祥图，中心为吉祥花草蔓缠飞舞之双凤，表示如意吉祥。四周均为迦陵频伽鸟飞腾高鸣，以示说法无碍。

○ 六臂观音纯金宝函顶面双凤花鸟吉祥图

正面造像为六臂如意轮观音曼荼罗　宝函正面主尊为菩萨形，作思维相，通身金色，有火焰头光，身光；头右倾，着宝冠，披妙衣，颈饰项圈，竖右膝踏左膝趺坐莲花座。有六臂：右上手掌托右颊，侧头就手；中手当心，手持如意宝；下手伸臂置右膝上，垂下

○ 六臂如意轮观音曼荼罗

向内，以头、中、无名指持念珠，小指微屈；左上手竖肘仰掌，屈指竖持金轮；中手屈臂出前腋下，竖侧掌屈头、中指持莲花；下手伸臂下垂，手掌向左膝后按莲座。

主尊左右各有四尊，均载梳有双髻之髻冠，着妙衣，饰项圈臂钏。后二尊有头光，余六尊有头光、身光，双手合掌，双膝跪莲花座。前二尊双手托盘，右盘供三摩尼珠，左盘供一如意树前宝珠，右尊屈右膝置左膝上垂足，左尊屈左膝置右膝上垂足。此即唐密六臂如意轮观音曼荼罗诸尊造像。整个造像画面背后有四株菩提树（如意宝树）。

左侧面为药师曼荼罗 主尊如来形，额有白毫相，高肉髻，流出琉璃佛光两道，着宝冠，披袈裟，右手执锡杖，左手捧钵于腹前。此即唐密药师琉璃光如来造像。

主尊两侧有沙门形弟子，头光，合掌立于两侧。二胁侍菩萨着宝冠，头光，身光，合掌跣坐于莲花座上。次后二菩萨，其前有二明王，合掌侍立。主尊前有二供养菩萨，有头光、身光，单腿胡跪坐莲花座上。双手托盘献花。正前方有案台，饰案裙，上置香炉，两旁各有香宝子一枚，整个画面背后有菩提宝树。此即唐密药师曼诸尊造像。

药师又名药师如来，全称为药师琉璃光如来，亦称琉璃光王、十二愿王、大医王佛，是东方净琉璃世界的教主，密号平等金刚，又号发生金刚。早在东晋，即在唐密未传之前，药师经法已在中国译传，即使在唐宫失传之后，药师经法亦一直在汉传佛教中流行，尽管显、密详略不同，但未中断。

地宫唐密药师曼，中央主尊是药师琉璃光如来。主尊两侧，二沙门形合掌弟子为日光、月光二菩萨；着宝冠坐莲台上的二菩萨为观音、势至二胁侍；次后二尊为药王、药上菩萨；其前合掌之二明

○ 药师曼荼罗

王，为十二神将中代表子时的宫毗罗神将及代表午时的因陀罗神将；主尊前跪坐莲花台上之二尊，既可视为二供养菩萨，亦可视为无尽意、宝檀花二尊。如按东密药师曼对照，则日光、月光摄为观音、势至二尊，而坐莲台之二尊即文殊、弥勒，亦是药师八大菩萨曼荼罗也。

后面造像为大日金轮曼荼罗　正面主尊如来形，戴宝冠，披袈裟，有头光、身光，光中流出众多金轮，双手智拳印，结跏趺坐七狮子座。此即唐密大日金轮佛顶造像。

主尊左右各四尊，前二尊单腿胡跪，有头光、身光，坐莲座，双手托盘，盘供宝珠，面向主尊；次二尊明王，合掌侍立；后四尊菩萨头光，合掌站立，面向主尊。整个画面背后是菩提宝树。此即

○ 大日金轮曼荼罗

唐密大日金轮曼荼罗诸尊造像。

宝函图像上的大日金轮佛面，戴金宝冠，轮曼为饰，结智拳印，日轮白莲，坐七狮子座，遍身光明炽盛，从光中流出金轮。主尊后左右各四尊，共八大菩萨。二尊明王表八大明王，前二供养菩萨，盘中捧宝，即表七宝。

右侧面造像为释迦金轮曼荼罗　正面主尊如来形，额有白毫相，

○ 释迦金轮曼荼罗

高肉髻，流两道佛光，着髻冠，披袈裟，有头光、身光，结跏趺坐莲花台。左手置腹前，拇指与食指捻合，余三指舒，施吉祥印；右手臂屈于胸前，拇指与无名指相捻，余三指舒。这是唐密释迦佛的造像。

主尊左右各五尊，后二尊沙门形，有头光；次二尊花曼冠，有头光、背光，半跏趺坐莲台上，双手合掌；次四尊头光，合掌侍立；前二尊单腿胡跪，双手托盘，盘奉供物。整个画面后是菩提宝树坛场。这是唐密释迦金轮曼荼罗诸尊的造像。

主尊释迦牟尼佛，左手掌心向上置脐前，右手吉祥印，作应身说法相，结跏趺坐莲台上；后沙门形左右侍立的二弟子为迦叶、阿难二尊者，合掌坐莲台上的二尊是文殊、普贤二菩萨；文、普二菩萨之后左右二尊为金刚手、金刚藏二菩萨；之前左右二尊为观音、弥勒二菩萨；单腿胡跪捧供盘二尊为二供养菩萨。这与经轨所述之唐密释迦曼荼罗完全相合。

第五重宝函——唐密释迦说法曼荼罗

正面造像为释迦说法曼荼罗　图中主尊释迦如来，头顶流两道佛光，头光、背光，结跏趺坐莲座。左手舒掌于膝侧下垂，右手当胸作说法印相。

此图与第四重宝函释迦曼对照，可发现除主尊右手印相及持剑天王二尊不同外，余皆相同。所以说，第五重宝函与第四重宝函的释迦曼荼罗造像基本相同，是圆融大、小乘，圆融显、密教的曼荼

○ 释迦说法曼荼罗

罗造像，盖唐密释迦如来说法之图像。

左侧面造像为文殊说法曼荼罗　图中主尊文殊菩萨，着宝冠，有头光、背光，后面的月轮放万道光明；乘狮子之背，坐莲花台之鞍，熙怡微笑。结五髻根本印。面侧向东，悯念众生之形。有那罗延天等持剑四种标志，前后三重共十七尊，有牵狮童子、菩萨、宰官人等，捧侍供物或合掌侍立，瞻仰主尊，明王、天龙八部等诸眷

○ 文殊说法曼荼罗

属围绕。此图即唐密文殊说法曼荼罗。

　　文殊经法，有一髻、五髻、六字、八字等诸种法门区别，其曼荼罗各不相同。按诸经轨，此图乃文殊曼之异图，盖唐密文殊说法之图像也。

　　后面造像为大日说法曼荼罗　图中主尊大日金轮，着宝冠，有头光、身光，智拳印，结跏趺坐莲座。

○ 大日说法曼荼罗

　　主尊左右各四尊，前二尊坐莲座，双手托盘，盘供宝珠；次二尊菩萨，头光、身光、宝冠庄严，半跏莲座，左尊合掌，右尊手印。次二尊，沙门形，头光，合掌侍立。又后二尊菩萨，头光、身光，合掌，半跏莲座。

　　此图主尊为金刚界大日如来。四尊菩萨为四波罗蜜菩萨。余四尊表内外四供养。这是唐密金刚曼大日成身会中台曼荼罗之异图，盖唐密大日如来说法之图像也。

右侧面为普贤说法曼荼罗　图中主尊普贤菩萨，戴宝天冠，有头光、身光，身相庄严，后面的月轮放万道光明。乘白象之背，坐莲花台之鞍。作欢喜颜状，结根本印，面侧向南。有天众等持幡幢等四种标志，前后三重共十七尊，有牵象童子、菩萨、宰官人捧持供物，或合掌侍立，瞻仰主尊，明王、天龙八部等诸眷属围绕。此

○ 普贤说法曼荼罗

图即唐密普贤说法曼荼罗。

　　普贤经法有普贤、普贤延命等法门区别，其曼荼罗各不相同。考诸经轨，此图乃普贤曼之异图，盖唐密普贤说法之图像也。

　　顶面造像为金轮曼荼罗　图中中央八叶莲台安供八幅金轮，环绕珠圈。四方绘四迦陵频伽鸟，人头鸟身，趾立莲座，前后面两尊鸟手捧供状，左右两面两尊鸟合掌。四隅莲茎上置三钴金刚杵。坛外四周均饰以蔓草绕迦陵频伽鸟。

　　此图曼荼罗，无经轨可考。揆度其法义，中间八叶莲捧金轮，即金胎合一之义。中间金轮，象征法轮常转即金刚界大日尊。迦陵频伽鸟，为声音最优美之鸟，于西方极乐世界净土常奏法乐，演说法音。此处四方四迦陵频伽鸟，表示宝函下面四尊，即前侧面释迦，

○　金轮曼荼罗

后侧面大日，左侧面文殊，右侧面普贤等广说种种妙法之音，象征阿閦等四佛。总之，此为唐密大、小圆融，显、密圆融之诸尊说法曼荼罗造像也。可命为诸尊说法宝函。

第七重宝函——唐密四天王曼荼罗

宝函每面中都有梵名錾刻于像右上角，故极易辨明宝函四面四尊为四大天王。

右侧面为东方提头赖吒天王即东方持国天王 天冠、头光，着金刚甲胄，微怒形，左腿内屈，右腿外伸，胡坐二夜叉上，右手持刀，左手仰掌，小指外伸，余四指微屈，托起刀身前沿。诸夜叉执斧等武器环绕，有二天众各捧花于后。

正面为南方毗娄博叉天王即南方增长天王 天冠、头光、金甲，微怒形，左手向下执剑拄地，右手五指伸开，覆掌支右膝上，胡坐于二夜叉上。诸夜叉执箭、矛等武器环绕，有一天众捧香花于后。

左侧面为西方毗娄勒叉天王即西方广目天王 金盔金甲，头光，面秀和，左手持弓，右手持箭，胡坐二夜叉上。诸夜叉执斧、矢等武器环绕，有二天众捧香花于后。

后面为北方大圣毗沙门天王即北方多闻天王 宝冠、头光，全身甲胄，左手托塔，右手执棒，左腿伸下，右腿内屈，胡坐左尼兰婆、右毗兰婆二夜叉上，另有地天在中央捧右足。前有二夜童子跪仰天王，一手扶瓶，一手奉献宝珠。诸天众捧物，诸夜叉执弓、剑等武器分两侧围绕。

○ 东方提头赖吒天王

○ 南方毗娄博叉天王

○ 西方毗娄勒叉天王

○ 北方大圣毗沙门天王

○ 函顶双龙捧珠图

秘龛五重宝函——唐密金刚界曼荼罗

　　五重宝函位于地宫后室北壁之下的一个秘龛内。秘龛中只有一个外用织金锦包裹的盝顶铁函，铁函内依次套置鎏金四十五尊造像盝顶银函、银包角檀香木函、嵌宝水晶椁、壸门座玉棺。檀香木函因年代久远，发掘时已经散架，现留有当时微雕人物像。此檀香木函与四十五尊造像盝顶银函一起覆盖于水晶椁和玉棺上，表示十大

○ 鎏金四十五尊造像银宝函

○ 宝函錾文

西

○ 宝函曼荼罗展开图示

弟子仍然随侍供养本师释迦牟尼佛的真身。玉棺内供放佛指舍利之金骨，就是释迦牟尼的真身，亦称灵骨。密教认为释迦牟尼佛就是金刚界的北方不空成就佛、胎藏界的北方天鼓雷音佛，按密教曼荼罗方位，将佛指舍利安放在地宫后室北壁，正是曼荼罗的正确方位。显教谓释迦牟尼佛大般涅槃，也是头朝北，足向南，佛指舍利安奉方位，也契合显教教义。

覆盖释迦牟尼真身舍利的正是鎏金四十五尊造像银宝函。宝函正南有"奉为皇帝敬造释迦牟尼佛真身宝函"一行錾文，宝函底部有"大唐咸通十二年十月十六日，遗法弟子比丘智英敬造真身舍利宝函，永为供养"字样，可知是比丘智英于公元871年专为唐懿宗皇帝盛放佛指舍利而敬造的，是名副其实的"真身宝函"，应据此定名为"真身宝函"。

真身宝函四十五尊造像分为五面。盝顶一面有二十五尊造像，四周侧面各为一面，每面均有五尊造像，以顶面为中心不动，将前后左右四个侧面往上揭开而平展之。此四十五尊造像，乃金刚界根本成身会曼荼罗。

顶面唐密

顶面中台方坛内为金刚界大日如来、四波罗蜜、内四供养曼荼罗　大日如来为密教供奉之本尊与最上根本佛。位于五佛中央，现菩萨形，身呈白色，戴五智宝冠，结智拳印，结跏趺坐于七狮子座。

四波罗蜜位于金刚界曼荼罗中央大月轮中，大日如来前后左右

○ 宝函顶面

之四亲近菩萨。呈现女形，司掌定德，与司掌智德之四佛相对。前
为金刚波罗蜜菩萨，左为宝波罗蜜菩萨，后为法波罗蜜菩萨，右为
羯磨波罗蜜菩萨。

内四供养，内院之四供养，又作内四供、内供养、内供。在金
刚界曼荼罗金刚轮内四隅之嬉、曼、歌、舞四菩萨，系由中央大日
如来心中流出以供养四佛者。

顶面方坛外为四供、四摄、四大神、四大明王曼荼罗　外四供
养，外院之四供养，与"内四供养"相对，即密教金刚界曼荼罗外
院四隅之香、花、灯、涂四位菩萨，又称外四供、外供养。外四供
养，乃四方如来所流出以供养中央大日如来之菩萨。即：东方阿閦

如来流出黑色香菩萨，又称金刚焚香菩萨，持香炉；南方宝生如来流出浅黄色花菩萨，又称金刚花菩萨；西方阿弥陀如来流出白色灯菩萨，又称金刚灯菩萨；北方不空成就如来流出青色涂香菩萨，又称金刚涂香菩萨。

四摄菩萨，略称四摄，意为摄引众生之四菩萨。指位于第二院四方金刚钩菩萨、金刚索菩萨、金刚锁菩萨、金刚铃菩萨四位。

四大神，指密教金刚界曼荼罗成身会四角之地、水、火、风四神，又称四执金刚神。即围绕五大月轮，抱持大圆轮，头出于四隅者，为地神、水神、火神、风神四神。

四大明王，又作四大尊、四忿怒、四部忿怒，即不动明王、降三世明王、军荼利明王、大威德明王。

顶面变金刚界曼荼罗宝珠、宝生草及三股金刚杵界道　金刚界成身会之界道为三股金刚杵，饰以宝生草。以三股金刚杵为界道，故称金刚界。每边界道有三枚金刚杵，四周共十二枚三钴金刚杵。

顶面及四侧面五个方坛，如东密曼荼罗之五轮，五轮四隅之宝

○ 西方宝瓶莲花

○ 东方金刚杵

○ 北方羯磨杵

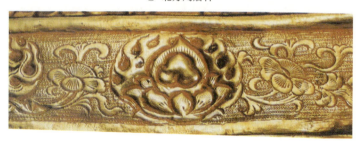

○ 南方宝珠

珠，是自宝珠世出世间的财物而表示供养之义。

四侧面唐密

后面西方阿弥陀如来及四亲近曼荼罗　以錾刻有"奉为皇帝敬

造释迦牟尼佛真身宝函"为前侧面的方坛是西方无量寿如来及其四亲近菩萨的曼荼罗。阿弥陀佛为西方极乐世界之教主，意译无量寿。在金刚界曼荼罗中，称为受用智慧身阿弥陀如来，居于西方月轮之中央，其身黄金色，结三摩地印。其四亲近菩萨为：金刚法菩萨、金刚利菩萨、金刚因菩萨、金刚语菩萨。

右侧面南方宝生如来及四亲近曼荼罗　宝生如来为金刚界五佛之一，位于金刚界曼荼罗成身会等之五解脱轮中，正南方之月轮中央。为五部中之宝部所摄，主五智中之平等性智。其四亲近菩萨为：金刚宝菩萨、金刚光菩萨、金刚幢菩萨、金刚笑菩萨。

左侧面北方不空成就如来及四亲近曼荼罗　不空成就佛又作不空成就如来。金刚界五佛之一。位于金刚界曼荼罗五解脱轮中北方月轮之中央。表五智中之成所作智，亦为五部中业部之主尊。在成身会中，不空成就如来身呈金色，左手结拳印，安置膝上，右手舒覆五指当胸，趺坐莲花，其四方安置金刚业、金刚护、金刚牙、金刚拳四菩萨。

前面为东方阿閦如来及四亲近曼荼罗　东方阿閦佛，意译不动佛、无动佛等，位于五解脱轮中之正东月轮中央，四方为金刚萨菩萨、金刚王菩萨、金刚爱菩萨、金刚喜菩萨。主尊形象为黄金色，左手作拳安于脐前，垂右手触地。

○ 宝函后面

○ 宝函右侧面

○ 宝函左侧面

○ 宝函前面

中室捧真身菩萨——唐密金胎合曼曼荼罗

捧真身菩萨曼荼罗

地宫中室的鎏金珍珠装捧真身菩萨,是唐懿宗李漼于咸通十二年(871年)十一月十四日其39岁生日为供养佛舍利而敬造的。咸通十四年(873年)在迎送佛舍利时,此尊捧真身菩萨捧着佛之金骨真身一并请入地宫,永为供养。

捧真身菩萨发现时位于地宫中室汉白玉灵帐后面,菩萨高髻,头戴深蓝色花曼宝冠,花曼冠边缘串饰珍珠,冠中顶供化佛。上身袒露,斜披帛巾,臂饰宝钏,双手捧着放置錾刻发愿文的鎏金银匾荷叶盘,下着羊肠大裙,双腿左屈右跪于莲台上,通身装饰珍珠璎珞。荷叶盘上发愿文匾呈长方形,长11.2厘米,宽8.4厘米,栏上贴饰16朵宝相花,衬以蔓草,内饰联珠纹一周。匾上錾文一行65字:"奉为睿文英武明德至仁大圣广孝皇帝敬造捧真身菩萨永为供养伏愿圣寿万春圣枝万叶八荒来服四海无波咸通十二年辛卯岁十一月十四日皇帝延庆日记。"捧真身菩萨发愿文匾两侧以销钉套环与护板相连,边缘饰一周类似杵纹的吉祥草叶,内外缘各饰联珠一周,护板中镂空成三钴金刚杵,四周衬以缠枝蔓草。

莲座呈钵形,顶面八曲,边缘联珠,顶面与底面均錾有梵文,

腹壁由上至下饰四层仰莲，每层瓣上两层莲瓣各有一尊像，两侧衬
以缠枝蔓草。腹壁一周分别錾刻四大天王，余白处錾三钴金刚杵。
覆莲座双层覆体形，外层上部饰一周八瓣覆莲，每瓣内各錾一梵文；
中部一周錾八大明王，均有背光；座下有立沿，饰联珠纹与莲纹一
周。内层中心錾十字三钴金刚杵，两侧各有一行龙，并衬以流云纹。

　　捧真身菩萨为吉祥天女类的造型，因而捧真身菩萨的造像取法
于大吉祥天女的造型，其莲台束腰錾刻四大天王，不但契合"发愿
文"中的祈祷词"八荒来服，四海无波"的镇护国家思想，而且与
捧真身菩萨"永为供养"的曼荼罗法义相应。因此尊之表法：一是
供养，二是护国，三是忏罪消灾，四是增福延寿。佛菩萨像作为供
养品，还是第一次在地宫中发现，这也是唐密曼荼罗特别是在佛舍
利供养曼荼罗中最突出的特点。

　　或曰：此捧真身菩萨乃唐懿宗李漼皇帝自身的象征。因道宣
《集神州三宝感通录》曾记载唐高宗李治"令造朕等身阿育王像"。
以此先例推论以李漼为蓝本而造捧真身菩萨像，此说固有一定的道
理，不排除造像者可能考虑到此一因素，但缺乏充足的事实根据。

　　捧真身菩萨的莲台座为金胎两部融合的大曼荼罗，莲座呈钵形，
钵乃本师释迦牟尼佛之三昧耶形。密教两部大法曼荼罗融合于显教
本师文佛三昧耶钵形之内，不但具有金胎不二之密义，而且显示显、
密圆融之深旨。可见造此尊曼之阿阇黎，乃深明苏悉地法要之大阿
阇黎也。而在唐代传承苏悉地法门者，只有善无畏——惠果一系，
由此可以证明，青龙寺惠果的唐密在皇室内道场——法门寺地宫供

○ 捧真身菩萨

○ 捧真身菩萨发愿文匮 　　　　　　　　　　　○ 捧真身菩萨发愿文

○ 捧真身菩萨冠顶大日如来造像

第一层
四波罗蜜及内四供养
第二层 ┐
外四供养及四摄 │ 定门十六尊
第三层 │
四佛之四亲近 ┘ ┐ 金刚界
第四层 慧门十六尊 │
四佛之四亲近 ┘

四大天王 金胎合曼

胎藏界中台八叶院诸尊种子 胎藏界

八大明王

○ 捧真身菩萨曼荼罗图示

养舍利的内道场已有充分的发挥。

金刚界五方五佛、大日如来三身陀罗尼、四波罗蜜、内四供养、外四供养、四摄之曼荼罗、十六大菩萨生、四大天王

仰莲座底面刻金刚界五佛种子曼荼罗，参照日本京都高山寺藏本《两界种子曼荼罗》及阿叉罗帖卷第五《两界种子曼荼罗》以及日本东密、台密诸多有传承的金刚界种子曼荼罗图像，其大都是一

样的，所不同者，主要是方向、方位的规定法则有所不同，日本东密、台密曼荼罗的图像，金刚界曼荼罗以主尊之下为东，胎藏界曼荼罗以主尊之上为东，而此唐密五佛种子曼荼罗则以主尊之左为东，则正是中国传统文化定方位的传统，也恰好显示唐密中国化之特点。

仰莲座顶面，沿圆周錾有大日如来三身梵文咒轮，此梵文系古梵文，即天成体梵文未形成体系前之梵文。天成体大约创立于公元1000年，此古梵文较杂，有公元300至500年之梵文，也有公元500至600年之梵文。

○ 仰莲座顶面沿圆周錾刻大日如来三身梵文咒轮

○ 仰莲座底部金刚界五佛种子曼荼罗

仰莲座腹壁由上至下为四层仰莲瓣，上两层莲瓣内各有一尊相，此即金刚界根本成身会四波罗蜜、内外四供养、四摄之曼荼罗。上第一层莲瓣之八尊为四波罗蜜菩萨及内四供养菩萨，上第二层莲瓣之八尊为外四供养菩萨及四摄菩萨。按金刚界曼荼罗成身会三十七尊，包括：

五佛　即大日如来、阿閦如来、宝生如来、阿弥陀（无量寿）如来、不空成就如来。莲台顶面的五佛种子曼荼罗即表五佛。

四波罗蜜菩萨　乃大日如来之四亲近，由大日如来所生，表四佛之定德，即金刚波罗蜜菩萨、宝波罗蜜菩萨、法波罗蜜菩萨、羯磨波罗蜜菩萨。此四波罗蜜菩萨分别为阿閦、宝生、阿弥陀、不空成就四佛之能生养育之母。

十六大菩萨　即阿閦如来之四亲近：金刚萨菩萨、金刚王菩萨、金刚爱菩萨、金刚喜菩萨。宝生如来之四亲近：金刚宝菩萨、金刚光菩萨、金刚幢菩萨、金刚笑菩萨。阿弥陀如来之四亲近：金刚法菩萨、金刚利菩萨、金刚因菩萨、金刚语菩萨。不空成就如来之四亲近：金刚业菩萨、金刚护菩萨、金刚牙菩萨、金刚拳菩萨。

八供养菩萨　有内外之分。内四供养菩萨：金刚嬉菩萨、金刚曼菩萨、金刚歌菩萨、金刚舞菩萨。外四供养菩萨：金刚香菩萨、金刚花菩萨、金刚灯菩萨、金刚涂菩萨。内四供养乃大日如来为供养四佛而流出者，外四供养乃四佛为供养大日如来而流出者。

四摄菩萨　乃从大日如来心中流出，将一切众生引入曼荼罗，表授给果地之法的化他之德，即：金刚钩菩萨、金刚索菩萨、金刚锁菩萨、金刚铃菩萨。

有关三十七尊之出生，经说不一，兹不繁举。但依《秘藏记》所载，内四供养乃四佛为供养大日如来所流出者，外四供养乃大日如来为供养四佛所流出者。又十六大菩萨主慧德，故称慧门十六尊；四波罗蜜、八供、四摄等十六尊主定德，故称定门十六尊。

八叶莲瓣乃胎藏界曼荼罗中央之三昧耶形，而刻奉金刚界中央诸尊于八叶莲瓣上，说明不二，也证明此尊捧真身菩萨之造像为金、胎合曼之造像。

无论显教、密教，都以四天王为护法天王，为外护金刚。四天王在东密胎曼中，居于外金刚部院，实为最外院。此最外院，乃以八方天等护持密教之诸天而成立之曼荼罗，画于最外之四方。八方天之组织，就四天王天来说，北方为毗沙门天，南方为增长天，西方为广目天，东方为持国天。在金曼中，成身会经文未说及外金刚部，所以西藏桑耶寺壁画就未画外金刚部诸天。但弘法大师请去的金曼，则均画有外金刚部，论者谓本于降三世品之所说而加画的。因此，画于根本成身会金刚界最外之诸天，称为金刚部。四天王在此外金刚部二十天分为五类天中，居于地居天，且独经毗沙门天来表示。在捧真身菩萨唐密曼荼罗中，即在仰莲座与覆莲座套接中间的腹壁上，环壁一周分别錾刻四大天王像。此四大天王，上承仰莲座金刚界曼荼罗中央作为外护，亦即金刚界曼荼罗的外金刚部，下盖覆莲座胎藏界曼荼罗中央作为外护，亦即胎藏界曼荼罗之最外院。

东方持国天王　即提头赖吒天，持国天，持国；又作治国天、安民天、顺怨天。

南方增长天王　即毗娄博叉天，增长天，增长；又作毗留多天等。

○ 四大天王之东方持国天王

○ 四大天王之南方增长天王

西方广目天王　即毗娄勒叉天，广目天；又作恶眼天、丑目天、杂语主天。

北方多闻天王　即毗沙门天，多闻天；又作普闻天、种种闻天。

○ 四大天王之西方广目天王

○ 四大天王之北方多闻天王

胎藏界中台八叶种子曼荼罗

　　莲座下部呈双层覆钵形，外层上部一周系八瓣莲，每瓣内各錾一梵文，莲座下部覆莲瓣即胎藏界中台八叶种子曼荼罗。除中央主尊胎大日外，八叶莲之主尊为四佛四菩萨。此八瓣中之梵文，即为胎藏界中台四方四隅的四佛四菩萨的种子字。

○ 中台八叶种子曼荼罗

　　胎藏界有十三大院，中台为八叶莲。大日如来住中台，四佛四菩萨住八叶。八叶莲华，表众生八瓣肉团心，示阿字本不生，显一切众生悉有佛性之理趣。中台八叶为胎藏界曼荼罗的总体，表示因位的九识，与金刚界表示果位的五智相对。胎大日为第九识庵摩罗识，宝幢为第八识阿赖耶识，开敷华为第七识末那识，阿弥陀为第六识意识，天鼓雷音为前五识。此九识即本有的五智，第九识即法界体性智，第八识即大圆镜智，第七识即平等性智，第六识即妙观察智，前五识即成所作智。五智是本有之果，对此本有之果的本有因行，为四隅的普贤、文殊、观音、弥勒四菩萨。普贤菩萨表净菩提心，是大圆镜智之妙因，故在东南隅而对宝幢佛。文殊菩萨表第一义空的妙慧，能断第七末那识我痴、我见、我慢、我爱四烦恼差别之执，是平等性智之妙因，故在西南隅而对开敷华王。观音表莲华三昧，以同体大悲，鉴众生之机，随宜解脱苦恼，是妙观察智之妙因，故在西北隅而对阿弥陀。弥勒表大悲三昧，随众生希愿而与之喜乐，是成所作智之妙因，故在东北隅而对天鼓雷音。如是之妙因妙果，乃本有之因果，故离因果而不违于因果。胎藏界之五佛，与金刚界之五佛，不一不异。相传日本山门慈觉大师前唐院之本尊两部曼罗中胎曼荼罗，于胎八叶之五佛，画金之五佛（金大日结法界定印），即就本有修生，约其法体本来不二故。地宫唐密胎曼中台八叶种子字，上承金曼五佛种子字，也同样表此法义。

八大明王曼荼罗

莲座下部的内层上部，环周也是八瓣覆莲，每瓣内各錾有一尊明王像。

不动明王　本尊坐石座，一面六臂，顶上七髻，发竖立，右腿下垂，左腿右盘。右手持三股杵、剑、钩，左手持轮、瓶、珠，背负猛火。

大轮明王　又作大轮金刚。乃菩萨示现之愤怒身，即以消除一切业障、越法，以清净圆满戒品为本誓之明王。

马头明王　本尊坐莲花座，三面六臂，首顶化佛，结跏趺坐，右手持钩，结与愿印，持花，左手持轮、钩、花，背负猛火。

步掷明王　本尊坐莲花座，三面八臂，结跏趺坐，右手持三股杵、钩，结与愿印，左手持斧、花、索，前双手合掌，背负猛火。

无能胜明王　本尊坐莲花座，三面四臂，结跏趺坐，右手持三股杵、剑印，左手持戟、钩，背负猛火。

大笑（军荼利）明王　本尊坐莲花座，一面八臂，结跏趺坐，右手持刀、钩、三股杵、印，左手持钩、刀、索、印，背负猛火。

大威德明王　本尊坐石座，三面六臂，右腿左盘，左腿垂下。右手持剑、矢、刀，左手持钩、弓、索，背负猛火。

降三世明王　本尊坐后座，三面八臂，右腿左盘，左腿垂下。右手持三股杵、矢、刀，左手持钩、弓、戟，前双手交叉掌，背负猛火。

○ 覆莲座八大明王曼荼罗

○ 不动明王

○ 大轮明王

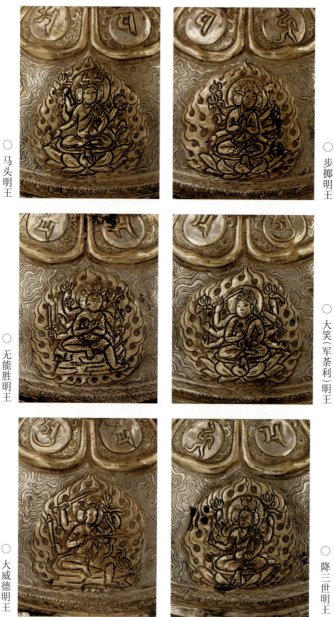

○ 马头明王

○ 步掷明王

○ 无能胜明王

○ 大笑（军荼利）明王

○ 大威德明王

○ 降三世明王

○ 底座内壁双龙绕杵图

　　法门寺地宫佛舍利供养曼荼罗世界的发现，应视为法门寺历史
文化发掘的重要步骤，其成果等同于1987年4月地宫的发掘，确为
我国佛教考古的重大发现。它的发现，揭示了法门寺内道场佛舍利
供养曼荼罗世界和唐密文化的真实内涵，填补了晚唐密宗史的空白。
可以考证解释东密历来争论或存疑的一些问题，明确了长安唐密三
大寺的核心地位和相应关系，掀开了中国、日本及亚洲佛教文化圈
（包括日本、韩国、印度、印度尼西亚等国）扩大佛教文化交流新的
一页。

10 雷音五洲

佛指舍利赴泰国供奉

为隆重庆祝中泰建交20周年和泰国国王登基50周年，应泰国政府邀请，法门寺佛指舍利于1994年11月29日至1995年2月21日，赴泰供奉85天。泰国国王、王后、总理先后瞻礼佛指舍利，朝拜者最多的一天信众超过11万人。共有220万泰国僧众喜浴佛光，参加这次中泰两国友好交往史上及佛教界的旷古盛事。这也是重光后的佛指舍利第一次远行海外。

中泰两国对佛指舍利赴泰极为重视，两国政府于1994年11月正式签订了佛指舍利赴泰供奉的协议。泰国政府为此专门组成政府、宗教界和民间组织三个代表团，分别以外长他信·西那瓦、副僧王颂勒佛陀庄和前空军司令恭·披曼蒂上将为团长。

1994年11月28日下午，中国佛教协会和首都佛教界在广济寺为恭送中国法门寺佛指舍利赴泰国瞻礼供奉，举行了隆重的祈祷大法会。中国佛教协会会长赵朴初居士亲自主法，拈香说偈，并题诗祝贺。

11月29日上午8时，法门寺佛指舍利车出北京广济寺，前往首都机场，在泰国僧王择定的吉时——上午11时30分离京赴泰。

专事迎佛指舍利的泰国皇家空军飞机于当天下午3时45分降落在泰国曼谷皇家空军机场。候机大厅内，20名大法师为之祈祷诵经，数百名泰国军政高官和中国驻泰外交使节恭候于此。曼谷皇家机场被装点出一派喜庆气氛，机场周围，泰中两国的国旗和黄色图案佛旗迎风飘展，数百米长的红地毯从候机大厅一直延伸到停机坪。停机坪上，一辆覆盖黄白两色精美图案布饰的佛塔车和一辆装点泰国莲花编扎的花车，格外引人注目。

泰国总理川·立派登机，依国礼相迎。10名泰国僧侣和10名中国僧侣同声诵经后，将佛指舍利恭请下机。随后，在机场举行了隆重的恭迎仪式。

泰国副总理占隆·西蒙，空军司令西里蓬上将和专程去北京迎请佛指舍利的泰国外长他信·西那瓦，前空军司令、佛指舍利迎请委员会主席恭·披曼蒂上将，国会财经委员会高级顾问、泰国华通国际旅游集团总裁严彬博士，泰国著名侨领谢慧如、郑明如，泰国各佛寺住持高僧、各山门高僧大德，以及泰国华人华侨知名人士等各界代表上千人参加了迎请仪式。

中国驻泰国大使金桂华和川·立派总理先后在仪式上发表了热情洋溢的讲话，赞颂中泰两国人民友好关系史上的这一盛事。他们指出，在中泰两国人民共同庆祝中泰建交20周年之际，中国佛指舍利来泰供奉，必将推动两国友好关系更快地发展。

仪式结束后，在数万信众的迎护下，佛指舍利被恭送至佛教城瞻礼供奉。佛教城彩旗飘扬，一派盛大节日景象。泰国国王亲自主持佛指舍利在泰国供奉的开光典礼，并参拜佛门圣物佛指真身舍利。国王来到供奉佛指舍利的大殿，首先向释迦牟尼立佛上香膜拜，然后向法门寺佛指舍利上香膜拜。泰国僧王领诵了吉祥经。瞻礼供奉仪式宏大庄严，充满佛陀慈悲喜舍的情怀。

佛指舍利自1994年11月29日赴泰瞻礼，供泰国朝野僧俗朝拜85天后，于1995年2月21日从泰国首都曼谷皇家空军机场返回北京，首都佛教界四众弟子暨三大语系教友千余人云集广济寺，为这次旷古盛事举行迎奉法会。

中国佛教协会副会长净慧法师主法拈香；三大语系教友分别以汉语、藏语、巴利语念诵经咒，奉迎佛指舍利。善男信女列队礼拜瞻仰佛指舍利。翌日下午，佛指舍利被送往扶风法门寺安奉。

法门寺佛指舍利第一次远行海外，即前往泰国，是中泰两国佛教界的旷古盛事，也为两国人民和两国佛教界人士友好交往续写了新篇章。

佛手牵两岸　雷音震五洲

应台湾佛教界请求，经中央政府批准，法门寺佛指舍利于2002年2月23日至3月31日赴台湾地区瞻礼供奉，历时37天。大陆组成了以中国佛教协会副会长圣辉法师为团长，国家宗教事务局局长叶小文为顾问，包括李玉玲居士、刀述仁居士、那仓活佛、净一方丈在内的佛指舍利赴台护送团。随即以星云法师为主任委员，吴伯雄居士、廖正豪居士为副主任委员的佛指舍利恭迎团320人抵陕。圣辉法师和星云法师一致表示，愿借佛指舍利的加持，让两岸同文同种的血缘展现出血浓于水的感情。供奉期间，佛指舍利分别在台北台湾大学体育馆、台北县金光明寺、高雄佛光山、台中梧栖体育馆、南投中台禅寺、高雄体育场等处坛场巡回供奉瞻礼，共举办108场法会，瞻礼膜拜者400多万人次，信众逾50万人次。信众还在佛指舍利巡礼沿途供奉瞻礼。佛指舍利在台湾供奉，既是岛内历史上最盛大的一次群众性活动，也是两岸佛教界交流的一大盛事，可谓一时千载，千载一时。

2002年春，法门寺佛指舍利赴台供奉的协议文本由台湾佛教界恭迎佛指舍利委员会主任委员星云法师与中国佛教协会副会长兼秘书长刀述仁居士在香港正式签署。

2月22日，台湾佛教界佛指舍利恭迎团与大陆佛指舍利赴台供奉护送团、护法团，前来法门寺参加佛指舍利赴台供奉启程法会，长达2公里的车队蔚为壮观。

恭送法会由大陆佛指舍利赴台供奉护送团团长、中国佛教协会副会长圣辉法师主持。台湾佛教界佛指舍利恭迎团团长星云法师在佛指舍利前诵读了《佛指舍利来台祈愿文》，并与法门寺方丈净一法师等进大殿拈香。两岸四众弟子在佛指舍利前敬献香花后，星云法师、惟觉法师等台湾高僧大德参拜了法门寺真身宝塔及地宫。

翌日晨9时，咸阳机场旗幡飘动，佛号声声。供奉佛指舍利的金塔被安置在一辆可升降的彩车上，沿着红地毯缓缓驶向港龙航空公司巨大的空中客车专机。台湾佛教界佛指舍利恭迎团与大陆佛指舍利赴台供奉护送团、护法团的高僧大德们分列红地毯两侧，双手合十，口诵佛号，目送佛指舍利金塔升上十几米高的机舱舱口。佛指舍利金塔安奉完毕后，台湾星云法师、惟觉法师、吴伯雄居士、廖正豪居士和大陆圣辉法师、净一法师、叶小文先生、刀述仁居士等共400余人分别登上两架专机，护持这一佛门重宝飞向海峡彼岸。

2月23日下午，佛指舍利专机在转道香港小停后，抵达台北桃园机场。在万众齐诵佛号声中，佛指舍利金塔自飞机舱口徐徐降下。金刚护法们抬着佛指舍利金塔，通过夹道欢迎的人群，将金塔安奉在一辆专门设计的彩车上。彩车庄严华贵，望之令人心生欢喜。在四众弟子的簇拥护持下，彩车缓缓驶入台湾大学体育馆。下午5时30分，佛指舍利安座法会隆重举行。

2月24日上午10时，盛大的佛指舍利迎奉法会在台湾大学体育馆举行。台湾佛教界佛光山、法鼓山、中台山、慈济功德会和大冈山派、月眉山派、开元寺派、法云圆光派、大仙寺派、观音山派、万佛山派、清凉山派、东和寺派，以及中华佛寺协会、中华佛教青年会、中华佛教居士会、中华佛教护僧协会、国际佛光会的高僧大德及护法居士齐聚台大体育馆。如此盛大的集会、如此空前的合作，在台湾佛教界绝无仅有。

2月26日至3月3日，佛指舍利移驾供奉于台北县三峡镇金光明寺。第三个供奉地是佛光山。在佛光寺的供奉分为两次：3月3日至3月15日、3月26日至3月30日。中间9天，佛指舍利移驾中台禅寺。3月3日，专机自台北县小港机场起飞直抵高雄。从高雄机场到

○ 台北台湾大学体育馆佛指舍利瞻礼法会

佛光山，沿途10余万信众摆设香案，跪迎佛指，1000多辆大型旅游车分列道旁。长达数里的佛指舍利车队浩浩荡荡，缓缓而行。至佛光山下，因道路狭窄，信众跪迎道边，车队行进受阻，行驶甚慢。抵达佛光山时，早已华灯一片。

3月15日至17日，佛指舍利在台中梧栖体育馆供奉，以使台湾岛中部的信众有幸瞻礼。但因为供奉期较短，直到17日中午佛指舍利移驾前，还有扶老携幼的人群从四面八方赶来。

中台禅寺住持惟觉法师带领中台山四众弟子来到体育场恭迎佛指舍利。从梧栖体育馆到中台禅寺约有80公里的路程，为了满足沿途信众的瞻拜愿望，佛指舍利金塔全程安奉在敞篷彩车上。法驾启动，万人跪送；车队之长，不见首尾。沿途接受信众朝拜，到达中台禅寺时，已是次日凌晨。

车队行进非常缓慢，从下午1时30分出发，经过整整五个小时才到草屯。在草屯闹市，人们打着恭迎佛指舍利的旗帜夹道迎送。

车队太长，不得已被多个十字路口所分割。

车队重新启动，进入"9·21"地震重灾区，崩塌的山体、遍布的乱石、深陷的地面，无言地诉说着那次不堪回首的劫难。此时已近夜半，四野寂然，唯有佛指舍利彩车播出的赞佛曲在山间回荡。

万千灯盏辉映的中台禅寺，犹如一座琼楼玉宇；数万信众恭候在此已经十多个小时，可谓望眼欲穿。佛指舍利安奉完毕已在清晨，惟觉法师的开示才刚刚开始……

佛指舍利在中台禅寺供奉9天。3月26日，佛指舍利又要移驾了。当佛指舍利金塔出现在大厅门口时，万千气球腾空而起，遮天蔽日，令人目眩；礼炮震天，烟雾四散，令人心动；佛号声声，如咽似哽，令人鼻酸。广场上，许多信徒长跪不起，热泪盈眶，目送佛陀真身舍利远去。

从3月26日至30日，星云法师在广场上主持了四次有上万人参加的活动。除一次皈依仪式外，还有为"菩提眷属"的祈福典礼、为全台湾120所学校2000名男女学生举行的"成年礼"、为幼儿园幼童举办的"成长礼"。

3月30日是佛指舍利在台湾供奉的最后一天。下午4时，佛指舍利从佛光山移驾高雄体育场。台湾佛教界将在此举行隆重的恭送佛指舍利大会。一诚法师、净慧法师、刀述仁居士等率大陆佛指舍利迎归团出席了大会。

可容纳几万人的体育场座无虚席。没有入场券，没有维持秩序者，任何人都可以随时入场，也可以随时退场。人们看不到佛指舍利，甚至看不清舍利坛上高僧大德的面容。舞狮的、击鼓的、献灯的、献香的、献花的人，一队队轮番上下；星云法师平和慈祥的法语和净慧法师典雅高妙的回向文疏萦绕耳际，大家就这样守望着佛指舍利，尽可能长久地沐浴在佛光中。在这惜别时刻，还有什么比与佛陀心灵交融更重要呢！

体育场内的灯熄了，场上场下数万盏捧在手心的莲灯散发着圣洁的光芒。半个多世纪以来，没有哪一个人、哪一件事可以让海峡两岸的同胞像今天这样心连心；没有哪一个人、哪一件事能让两岸同胞的感恩之泪往一处流。但是，一枚无言无语的佛指舍利却让我们做到了。这是因为佛指舍利带来了佛陀的慈悲与智慧。这慈悲的含义是要大陆、台湾两地的人民念及血脉相连的同胞之情；智慧的含义是要大陆、台湾两地的人民用最理想的方式使两岸携起手来，追求和平统一。良宵盛会，这声声佛号、依依深情，代表了十几亿中华儿女的美好心愿。

2002年3月31日中午12时55分，大陆佛指舍利迎归团56人、护法二团24人、台湾恭送团320人护送佛指舍利，分乘两架港龙专机，由高雄经香港抵达西安咸阳国际机场，佛指舍利回归扶风。

佛指舍利赴台湾地区瞻礼活动圆满结束，可谓殊因胜缘，功德圆满。世界佛教史上这一旷古盛事，不但促成了台湾佛教界的大团结，促进了两岸佛教徒的大融合，而且为两岸人民树立了和睦友善的交流典范，于海峡两岸播下了和平统一的种子。此事由于媒体的广泛传播，引得全球瞩目，华人谈及此事，莫不欢喜感动。

佛指舍利耀香江

佛指舍利在台巡礼供奉后，香港佛教联合会会长觉光法师多次向内地佛教界提出，希望迎请佛指舍利到香港，并成立了筹备机构。经中央政府批准，法门寺佛指舍利于2004年5月25日至6月5日赴香港供奉，并随展国宝级文物20件。佛指舍利在港供奉10日，引起巨大轰动。香港市民热情极高，佛指舍利抵港前半个月，主办者发放的20万张门票即被抢空，此后有100多万人前往香港会展中心瞻仰，仅5月29日一天就有10万人前往朝拜。

2004年5月17日，中国佛教协会和中国香港佛教联合会在香港佛教文化中心举行"佛指舍利及文物莅港瞻礼协议书签署仪式"。中国佛教协会会长一诚法师与中国香港佛教联合会会长觉光法师分别在协议书上签字。

5月24日上午10时30分，满载香港佛指舍利恭迎团75人的飞机抵达咸阳机场。当香港佛教联合会会长觉光法师、香港大公报社长王国华先生、凤凰卫视总裁刘长乐先生走下舷梯时，受到国家宗教事务局副局长杨同祥，一诚法师、圣辉法师、明生法师、祜巴龙庄勐·宛那西利以及陕西省政府、省佛教协会有关领导的热烈欢迎。

法门寺广场彩旗飞扬，鲜艳的红色地毯从广场一直铺展到法门寺山门。启请佛指舍利赴港供奉恭送法会于当日下午3时开始，内地佛指舍利送迎团副团长圣辉法师主持法会，一诚法师、觉光法师主法拈香，与会四众弟子齐声诵念《般若波罗蜜多心经》。圣辉法师在法会上做了重要讲话。他说：通过这次佛指舍利赴港供奉，内地佛教界和香港佛教界法乳一脉的法缘关系必将得到进一步的加强和加深，佛指舍利在港供奉也一定会给香港民众带来福报和吉祥。他说：在佛指舍利即将赴港供奉的庄严时刻，让我们沐浴在佛陀慈悲、智慧的光辉中，为中华民族的复兴与人类的和平、进步做出更大的功德。

佛指舍利于25日中午抵达香港国际机场。香港佛教联合会副会长永惺法师率领各大寺院的法师、居士们早已在机场恭候，横幅上写着"佛指舍利现香江，万众瞻礼福绵长"。在仪仗队和佛乐队演奏的《奏乐迎佛》声中，8名身穿紫色衣衫的信众将佛指舍利小心翼翼地安放在花车上。香港特别行政区民政事务局局长代表特区政府向佛指舍利献花；觉光法师、一诚法师、圣辉法师、永惺法师共同主持了佛指舍利彩车洒净仪式。

运载佛指舍利的彩车经青马大桥与3号干线，过西隧，经过繁华的中环、金钟、湾仔、铜锣湾、维多利亚港，缓缓驶入香港会展中心。数千名僧人、居士、民众和佛教学校的师生兴高采烈地挥舞着五色彩旗夹道欢迎，恭迎法门寺佛指舍利的到来。

佛指舍利莅港安奉法会由觉光法师主持。内地送迎团、护法团和香港恭迎团以及海内外的诸山长老、四方信众与各界嘉宾一一向佛指舍利行礼献花。来自内地的汉传佛教佛乐团和藏传佛教佛乐团共同演奏了佛乐《妙音供佛》。当晚，在吉祥的鼓乐声中，香港佛教联合会举办的盛大"千人斋宴"，为佛指舍利莅港供奉拉开了序幕。

2004年5月26日恰逢佛诞日。这一天，在庄重、浑厚的法号声中，"庆祝佛诞——香港佛教暨各界迎请佛指舍利供奉瞻礼祈福大会"在香港会展中心举行开幕式。至6月4日，一连10天，佛指舍利在香港供信众瞻礼，一同抵港的20件唐代珍贵文物同时展出。

觉光法师、永惺法师、一诚法师、圣辉法师、智慧法师、林汉强居士和应邀与会的全国政协副主席、中央统战部部长刘延东，香港特别行政区行政长官董建华，中央驻港联络办公室副主任王凤超、黎桂康，香港特别行政区律政司司长梁爱诗，中央统战部副部长朱维群，国家宗教事务局局长叶小文、副局长杨同祥等嘉宾在主席台就座。来自中国内地，香港、澳门等地区的诸山长老、高僧大德和四众弟子1万多人出席了开幕仪式。

开幕仪式在国歌和《三宝歌》声中开始，全体起立，向释迦牟尼佛行三问讯礼。觉光法师，一诚法师，全国政协副主席、中央统战部长刘延东，香港特别行政区行政长官董建华，王凤超副主任，叶小文局长一起按下亮灯按钮，梵呗礼乐声中，佛指舍利供奉瞻礼祈福大会开始。

觉光法师致开幕词后，香港特别行政区行政长官董建华、圣辉法师代表一诚法师和永惺法师相继致辞，同声表达喜悦和祝福。

同在会展中心举办的"法门寺珍藏唐代佛教文物展"剪彩仪式，在开幕式之后进行。全国政协副主席、中央统战部部长刘延东在觉

○ 香港信众在香港会展中心举行瞻礼佛指舍利大法会

光法师、一诚法师，圣辉法师、香港特别行政区行政长官董建华、叶小文局长、王凤超副主任等人的陪同下，参观了"法门寺珍藏唐代佛教文物展"。26日这天前来参加佛指舍利开幕仪式和瞻礼佛指、参观佛教文物展的信众达7万多人。

第二天下午，在香港君悦大酒店，全国政协副主席、中央统战部部长刘延东亲切接见了内地送迎团和护法团全体成员一行。她说，2002年佛指舍利赴台湾供奉瞻礼时，就曾受到台湾500万民众的朝拜瞻礼，引起了巨大反响，产生了良好的影响，不但加强了两岸佛教界的了解和友谊，也使得许多台湾民众对祖国大陆有了新的认识和了解。佛指舍利来港供奉瞻礼，中国佛教协会做了大量的工作。今天看到这么盛大的拜佛场面，说明佛指舍利赴港供奉瞻礼不光是佛门的事情，也是对香港和平稳定、团结一致、爱国爱教的积极促进。

5月30日下午，香港佛教联合会在会展中心举行万人皈依法会。次日上午，藏传佛教各派高僧在香港会展中心参拜佛指舍利处举行的诵经祈祷法会，祈愿香港民众身心健康吉祥。在港藏族同胞以及尼泊尔、斯里兰卡、印度等国信众4000多人参加了祈祷法会。南传上座部佛教的长老和法师们随后举行了具有南传佛教特色的诵经祈祷法会。身穿白色衣裙的泰国信众数百人在会展中心双手合十，虔诚跪拜朝佛。

为庆祝佛诞节和为香港各界民众祈祷祝福，香港佛教联合会当晚在会展中心举行了规模盛大的"传灯法会"。3000名身穿青衣的居士手持莲花宝灯，恭敬站立，齐声诵念"南无本师释迦牟尼佛"。觉光法师与一诚法师开始传灯，然后灯灯相传，整个会展中心回荡着"佛光普照、平安吉祥"的美好寄语。佛光照香江，法雨洒全球，正如觉光法师所说："一灯传遍百千灯，光亮堂堂天地新。慈悲喜舍周法界，慧增福广吉庆临。"

6月4日上午，香港佛教联合会在会展中心举行圆满传供法会暨闭幕式。觉光法师致辞说："佛光普照百万众，社会祥和福香江。佛指舍利迎请来港供奉瞻礼，这一千载难逢的胜缘，不仅令本人感动，亦令香港佛教界四众弟子们感动，更是感动了香港的各界人士、广大市民和东南亚地区的许多人士。短短10天中，前来礼敬瞻拜的有近百万人，在香港这是空前的。不但信仰佛教的来了，信仰其他宗教的也来了，有的全家老少三代、四代都来了，有许多行走不便的，家人推轮椅来了，有的从中国内地、台湾、澳门来，有的从日本、新加坡、印度尼西亚、菲律宾、泰国、斯里兰卡以及佛陀的故乡——印度来。因为人太多，有的人在外面排队排了两个小时、三个小时，才得到进场瞻礼的机会。在这期间，香港平稳，一片祥和气象，港人同浴佛恩，同沾法益，同享安和，这就是佛陀的感召力，三宝的凝聚力，也是以佛陀的慈悲精神化解戾气的免疫力。"

6月5日晨7时，佛指舍利及20件国宝级文物在香港佛教界和内地送迎团、护法团的诵经声中，在香港警察的护卫下，从会展中心被恭请到香港国际机场。数千名四众弟子双手合十，眼含热泪，跪拜相送，依依不舍。

至此，法门寺佛指舍利赴港供奉瞻礼活动圆满结束，香港近百万民众瞻礼佛指舍利的空前盛况也载入了史册。

佛指舍利赴韩国供奉

中韩两国佛教法脉相承，均属北传佛教之脉。1600多年来友好交流，两国佛教徒法情道谊深厚。2004年，韩国佛教宗团协议会向中国佛教协会郑重提出，希望迎请中国陕西法门寺佛指舍利赴韩供奉。经中国政府批准，佛指舍利于2005年11月11日至12月20日被迎请到韩国，于首尔市和釜山市两地供奉，供韩国广大佛教徒瞻礼膜拜，为中韩两国佛教友好交流史又续殊胜因缘。

佛指舍利赴韩国供奉的消息于2005年11月9日由中国佛教协会和韩国佛教宗团协议会正式宣布。届时35件秘藏于法门寺地宫的唐代稀世珍宝也随同展出。韩国佛教界派出80人的迎请团来到法门寺恭请佛指舍利，中国佛教界也组成80人的护送团和28人的护法团恭送佛指舍利赴韩瞻礼。

11月10日上午，陕西扶风法门寺彩旗飘扬、鲜花锦簇、钟鼓齐鸣，由手捧香案、高举幢幡的僧众引领，佛指舍利赴韩供奉中方护送团、护法团，韩方迎请团成员及诸山长老、各界嘉宾步入山门。中韩两国高僧大德、四众弟子以及国家和陕西省有关部门领导、各界嘉宾1300余人云集于此，隆重举行佛指舍利赴韩国供奉启请大法会。

11月11日凌晨，专机满载着中国人民的深情厚谊和中国佛教徒的衷心祝福，从咸阳机场起飞。首尔时间凌晨5时（北京时间4时），专机抵达韩国仁川国际机场。瞻礼活动首日，先后在首尔市著名寺院曹溪寺和首尔市奥林匹克体育馆举行安奉仪式。整个首尔市为之欢欣，男女信众身着鲜艳的民族服装，高擎幡盖，手捧莲灯，迎候在道路两旁。佛指舍利金塔安奉在体育馆赛场上的小亭中，和着梵钟、法鼓，管弦乐团、国乐团奏起悠扬的佛乐，合唱团唱起庄严的赞佛歌。能容纳5000人的奥林匹克体育馆里，歌声、乐声持久回荡。中韩佛教徒在佛指舍利金塔前念诵经偈；身着彩色袍服的太古宗僧众跳起了"灵山斋"梵舞；青衣童子、红衣童女或手捧莲花，或用柏枝洒净，或抛撒花瓣；女子们则向佛指舍利做香、灯、茶、米、果、花六法供养。

佛指舍利在奥林匹克体育馆供奉期间，韩国各地佛教各宗派长老和信众纷纷前来瞻拜，并举行了多场大型佛事活动。其中曹溪宗于11月22日举行的供奉法会，有来自曹溪寺、奉恩寺、能仁禅院、九龙寺、道赞寺等寺院的信众和各界人士上万人参会。韩国佛教太古宗、观音宗、普门宗等也先后在佛指舍利供奉现场举行法会，引领本宗信徒瞻礼佛陀真身舍利，并讲经说法，化导信众。

12月4日上午，佛指舍利在道诜寺住持慧慈法师、韩国佛教宗团协议会事务总长泓坡法师等近百位僧众，中国护法团全体学僧以及数千名信众的护持下，被迎请至曹溪宗著名古刹道诜寺供奉。当天恰逢韩国入冬以来第一场瑞雪，数千名信众怀着虔诚喜悦的心情，恭立道旁，合掌称颂。

在道诜寺的安奉法会上，泓坡法师、慧慈法师与曹溪宗宗会议员东光法师分别为数千名信众开示佛法，讲述佛指舍利在韩国供奉的难得，嘱咐广大信众珍惜这次千载难逢的因缘，在佛陀真身指骨舍利面前回向发愿，培植福慧。道诜寺不仅积极引导信徒瞻仰礼拜佛指舍利，并且每天安排3场法会，礼请德高望重的大德长老开示。佛指舍利在道诜寺供奉5天，就有6万多信众前来瞻拜。

佛指舍利赴韩期间，追溯中韩之间千余年的友谊法缘成为热门话题之一。诚如釜山地区佛指舍利供奉委员会执行长、甘露寺住持慧聪法师所言：韩国佛教约于1600年前传自中国，从此与中国佛教往来不断，结成深厚的法谊。韩中两国佛教文化交流历史悠久，始于公元4世纪，即朝鲜半岛历史上的三国时代（高丽、新罗、百济）。在朝鲜半岛，很早就有留学生来华学习，中国梁武帝派使节同新罗僧人觉德一起送佛指舍利到新罗。此后，两国佛教界关系进一步加深，高句丽为中国使者修建肖门寺和伊弗兰寺居住，由此开始了佛教传入朝鲜半岛的历史。尤其在中国唐代，义净所著《大唐西域求法高僧传》中，就列有新罗、高丽僧人8人。唐代中国佛教形成的八大宗派，也逐渐传入新罗、高丽，并形成韩国佛教宗派。特别值得一提的是，新罗僧圆测，幼年出家，聪慧过人，深受玄奘法师喜爱，被收为学生。此后，圆测又培养出许多高徒，进而成为一代高僧。如今在西安兴教寺玄奘法师舍利塔旁边，仍保存有圆测塔，成为中韩佛教友好交往的象征。中韩两国是友好邻邦，两国人民传统友谊历史悠久，两国佛教交流历史源远流长，有着深厚的传统法谊。此次陕西法门寺佛指舍利赴韩国供奉是中韩两国佛教友好交流史上的又一盛事。

佛指舍利在首尔市为期28天的供奉结束，12月8日凌晨，专列前往韩国第二大城市釜山，进行为期12天的供奉。近5000佛教信众身着节日盛装，冒着严寒，在釜山火车站恭迎，并跟随佛指舍利彩车巡游。被鲜花和彩带装饰一新的彩车缓缓行进，吸引数万釜山居民前来瞻礼，气氛热烈庄严，蔚为壮观。

当天下午，在釜山最大的会展中心举行上万人参加的佛指舍利安奉法会。韩国佛教宗团协议会会长、曹溪宗总务院长智冠法师，宗团协议会事务总长泓坡法师，釜山地区佛教联合会会长、梵鱼寺

○ 韩国民众瞻礼佛祖真身舍利

住持大乘法师，釜山地区佛指舍利供奉委员会执行长、甘露寺住持慧聪法师，釜山地区佛教联合会常务副会长、天台宗三光寺住持道圆法师等韩国佛教界代表人物，以及来自韩国曹溪宗、天台宗、太古宗、观音宗、真言宗等20多个宗派的500多名僧众代表与会。

釜山市副市长、市议会议长等政府要员出席法会并致辞，中国驻釜山总领事王宝珍也应邀出席了法会。

智冠法师在致辞中说，我们没有生在佛陀住世的时代，但今天能够见到佛陀真身舍利，就如同见到佛陀。瞻礼佛指舍利比我们平时礼拜佛像更加有加持力，是非常殊胜的因缘。智冠法师高度赞扬中韩两国佛教界之间的传统法谊，希望两国佛教界进一步加强交流和往来，为增进两国人民的福祉多做贡献。他祈望依靠佛力的加被，早日实现南北统一，愿人间永息干戈，世界永久和平。

慧聪法师、大乘法师、道圆法师、泓坡法师等大德长老及釜山地区信徒会会长等信众代表先后发言，盛赞此次供奉活动，希望釜山地区200多万佛教徒都来参拜佛指舍利，广种福田，精进修持，成就功德。

佛指舍利在釜山供奉期间，韩国佛教界各宗派纷纷举行了不同形式的法会，各大寺院还专门成立了参拜佛指舍利的组织机构，力争使更多的佛教徒能够瞻拜佛陀真身舍利，为釜山繁荣和发展、为南北和平统一、为亚洲与世界和平祈祷祝福。

佛指舍利赴韩供奉瞻礼圆满回向法会于12月20日上午举行，4000多名韩国佛教四众弟子和各界人士参加了法会。装饰一新的釜山会展中心旗幡招展，数百米长的红地毯通向佛指舍利瞻礼台前。大型电视屏幕上，循环播放着佛指舍利从中国法门寺被迎请至韩国供奉过程中的感人画面。回向法会在韩国女子合唱团的歌声中拉开序幕。

韩国曹溪宗通度寺住持大成法师、甘露寺住持慧聪法师等韩国佛教界大德，中国国家宗教事务局副局长蒋坚永及陕西省政协副主席、省委统战部部长胡悦等中方迎归团、护法团全体成员参加了法会。